KB203375

종교,
최대한 쉽게 설명해 드립니다

Wenn Gott gut ist, warum gibt es dann das Böse in der Welt?: Fragen an die Religion
by Gerhard Staguhn
© 2006 Carl Hanser Verlag GmbH & Co. KG, München

Korean Translation © 2018 by Ewha Books
All rights reserved.
The Korean language edition is published by arrangement with
Carl Hanser Verlag GmbH & Co. KG through MOMO Agency, Seoul.

종교, 최대한 쉽게 설명해 드립니다
선한 신이 창조한 세상에 왜 악이 존재하는가?

초판 1쇄	펴낸 날 2018년 12월 24일
초판 2쇄	펴낸 날 2019년 11월 11일
지은이	게르하르트 슈타군
옮긴이	장혜경 옮김
발행인	육혜원
발행처	이화북스
등 록	2017년 12월 26일(제2017-0000-75호)
주 소	경기도 파주시 책향기로 403, 705동 406호
전화	02-2691-3864
팩스	031-946-1225
전자우편	ewhabooks@naver.com
편집	이양훈
디자인	책은우주다
마케팅	임동건
ISBN	979-11-965581-1-6 (03200)

이 도서의 국립중앙도서관 출판예정도서목록(CIP)은 서지정보유통지원시스템 홈페이지 (http://seoji.nl.go.kr)와
국가자료공동목록시스템(http://www.nl.go.kr/kolisnet)에서 이용하실 수 있습니다.(CIP제어번호: CIP2018039716)

선한 신이 창조한 세상에 왜 악이 존재하는가?

종교의 본질에 관한 24가지 질문

종교

최대한 쉽게 설명해 드립니다

게르하르트 슈타군 지음

장혜경 옮김

이화북스

종교와 신앙에 관한 지식과 의미를 발견하는 24가지 질문

종교가 있건 없건 누구나 종교에 대한 궁금증을 갖고 있을 것이다, 인생에 대해 궁금한 점이 많은 것처럼. 종교는 인간 세계의 한 부분으로, 인류가 탄생한 이후 항상 인류와 함께해 왔고 앞으로도 그럴 것이다. 종교와 완전히 분리된 인간이란 있을 수 없다.

종교는 삶의 여러 문제에 해답을 제시한다. 물론 종교마다 다른 해답을 내놓겠지만, 핵심이 되는 본질은 다 똑같다. 동시에 종교는 질문을 던진다. 종교 자체가 하나의 질문이다. 세상은 왜 존재하는가? 우리는 무엇을 위해 이 세상에 있는가? 이게 다 무슨 의미가 있을까? 삶은 어디로 흘러가고 있는가? 이 질문들이 향하는 과녁은 우리의 내면 깊은 곳이다. 때문에 종교는 철학과 매우 가깝다.

인간이 질문을 하는 이유는 알고 싶기 때문이다. 종교 역시 수없이 많은 질문을 던진다. 그리고 종교 자체가 하나의 거대한 탐구 대상이다.

나는 알고 싶다! 이 책에 모아 놓은 24가지 질문들은 나의 알고 싶은 욕구에서 출발했다. 단순한 호기심이나 지식욕이 아니라 종교의 현실을 인식하고 그 현실을 깨닫고 싶었다. 아무런 편견 없이 다가가고 싶었다, 적절한 의심을 품고서. 앞으로 묻고 답할 여러 가지 질문들은 단순한 의심에서 비롯되었다기보다는 종교를 향한 진정한 관심에서 우러나왔다는 것이 더 적절한 표현이다.

물론 이 책에서 제시하는 대답이 유일한 답은 아니다. 그리고 이 책의 대답들은 다시 수많은 질문을 낳을 것이다. 어쩌면 독자들의 반발을 살지도 모른다. 그것은 당연한 일이다. 종교는 정신의 풍경 속에 박혀 있는 바위 덩어리가 아니다. 만일 그렇다면 그것은 죽은 종교다. 종교는 살아 움직인다. 물론 항상 선하게 움직이는 것은 아니지만 말이다.

이 책에서 다룬 질문들은 내가 오랫동안 매달려 온 것들이다. 다수의 동의를 얻지 못할 수도 있고, 더 흥미로운 질문들이 있을 수도 있다. 이처럼 우리가 종교를 향해 던지는, 종교가 우리에게 던지는 질문이 많다는 사실이 바로 종교가 살아 있다는 증거다.

24개의 질문은 서로 연결되는 부분이 있지만 각각 독립된 내용을 다루고 있다. 따라서 읽는 순서를 마음대로 정해도 상관없다. 관심이 가는 질문부터 시작하는 것이 가장 좋은 방법일 것이다.

나는 이 책을 통해 종교를 주제로 한 비판적 대화에 당신을 초대하고자 한다. 종교를 믿건 믿지 않건 그것은 중요한 문제가 아니다. 인간은 자각하든 못하든 결국에는 종교적일 수밖에 없으니까.

1부 종교란 무엇일까?

2부 선한 신이 창조한 세상에 왜 악이 존재하는가?

3부　왜 종교는 서로 사이가 좋지 않을까?

1부

종교란
무엇일까?

종교란
무엇일까

종교인이 종교인답지 못한 한 가지 이유

종교란 무엇인가? 이 질문에 시원한 답을 내놓기란 쉽지 않다. 종교는 수천 가지 빛깔을 띠기 때문이다. 그럼 다시 묻자. 여러분의 종교는 무엇인가? 더 정확하게 말해서 당신은 무엇을 믿고 따르는 가? 물론 이조차도 쉬운 질문은 아니다. 하지만 너무 걱정할 필요는 없다. 자고로 종교와 관련하여 쉽고 빠르게 나오는 대답은 무조건 의심스러운 법이니까.

앞선 질문에 "난 기독교 신자다"라고 말하는 건 별 의미가 없다. 기독교 신자, 유대교 신자, 이슬람교 신자, 힌두교 신자, 불교 신자라는 사실이 중요한 것이 아니라, 각자 자신의 믿음에 따라 어떻게 행동하느냐가 중요하다. 당신은 과연 종교가 전하는 구원의 메시지를 일상에서 행동으로 옮기고 있는가?

예를 들어 기독교 신자에게는 이렇게 물을 수 있다. 기독교 신앙의 핵심 교리인 부활을 얼마나 확신하고 있는가? 겉으로 표현하지는 않지만 대부분의 기독교 신자들이 부활에 대한 확신을 잃어버린 채 살고 있는 건 아닐까? 구교는 무엇이고, 신교는 무엇인가? 솔직히 말해서 대부분의 기독교인이 이러한 질문들에 자신 있게 답하지 못한다.

자기 종교의 경전을 깊이 파고들었다 해도 그 경전이 말하고자 하는 바를 제대로 모를 수 있다. 그것은 큰 문제가 아니다. 문제는 자기 자신이다. 종교인이면서도 한심하게 살아가는 인간이 한둘이 아니다. 종교를 상표처럼 두르고 다니며 남의 눈을 현혹시키는 그런 인간들 말이다.

종교인들이 이런 모습을 보이는 이유 중 하나는 자신의 뜻대로 종교를 선택하지 못한 데에 있다. 태어나자마자 부모의 품에 안겨 세례를 받을 때 그 누구도 기독교 신자가 되겠느냐고 물어보지 않는다. 그렇게 중요한 일은 온전한 판단을 가진 상태에서 스스로 결정해야 옳지 않을까? 개신교의 침례교는 자신의 의지대로 신앙을 선택한 사람에게만 세례를 주는 것이 옳다고 여기기 때문에 성인에게만 세례를 준다. 물론 그렇다고 해서 침례교인이 종교에 대한 질문에 더 뚜렷하게 답할 수 있다는 뜻은 아니다.

절대적 존재를 향한 두려움과 경외감

백과사전을 한번 펼쳐 보자. 어떤 질문에 맞닥뜨렸을 때 백과사전은 추천할 만한 첫걸음이다. 백과사전을 보면 '종교'라는 단어는 라틴어 '렐리지오religio'에서 유래했고 그 뜻은 '신에 대한 두려움'이라는 아주 유익한 정보가 나온다. 그러니까 종교는 두려움에 많은 영향을 받는 인간과 유일신 혹은 여러 신들의 영적인 관계인 것이다. 이렇게 볼 때 종교는 일단 감정의 문제와 연결된다. 그것도 우리가 불쾌하게 여기는 두려움이다. 두려움과 공포에서는 긍정적인 것이 나오기 힘들다. 하지만 두려움이 긍정적인 것으로 전환될 수도 있는데, 정확히 그런 일이 종교에서 일어난다. 두려움이 경외감으로 바뀌는 것이다. 창조자와 창조에 대한 경외감!

독일 작가 아달베르트 슈티프터Adalvert Stifter, 1805~1868는 종교적 감정에 사로잡힌 한 인간의 마음속에서 어떤 일이 일어나는지를 그린 역작을 남겼다. 이 작품에는 1842년의 일식, 즉 달이 태양을 완전히 덮어 버린 순간을 기록한 장면이 나온다.

우리는 일식을 일몰 같을 것이라고 상상했다. 그저 저녁노을만 없는 일몰. 하지만 저녁노을이 없는 일몰이 얼마나 영적일지는 미처 상상하지 못했다. 이 일몰은 전혀 달랐다. 지금껏 알고 있던 자연을 섬뜩할 정도로 낯설게 만들었다. 남동쪽으로 이상한 적황색 어둠이 깔려 있었고, 산도 전망대도 그 어둠에 잠겨 있었다. 도시는 실체 없는 그림자가 펼

치는 연극처럼 우리 발치에서 점점 아래로 가라앉았고, 다리를 건너는 차와 사람과 말이 검은 거울 안에서 움직이는 것 같았다. 긴장감이 극도로 팽팽해졌다. 나는 한 번 더 천체망원경을 들여다보았다. 그게 마지막이었다. 주머니칼로 어둠에 생채기를 낸 것 같은 낮이 언제 꺼질지 모르는 모습으로 가느다랗게 거기에 있었다. 망원경에서 눈을 떼고 하늘을 올려다보았다. 주변을 둘러보니 다른 사람들은 벌써 망원경을 치우고 맨눈으로 하늘을 쳐다보고 있었다. 망원경이 필요 없었다. 꺼져가는 심지의 마지막 불꽃처럼 태양의 마지막 불꽃도 방금 녹아 없어졌고, 두 달의 산은 가로지른 협곡을 지나 되돌아가더니 이제 원반과 원반이 포개진 상태로 떠 있었다. 이 순간 정말 가슴이 갈기갈기 찢어지는 듯했다. 아무도 예상치 못했던 "아!" 하는 탄성이 합창하듯 모두의 입에서 튀어나왔고, 무겁고 깊은 침묵이 이어졌다. 신이 말씀하시고 인간이 경청하는 순간이었다.

❖ ― 몇 만 년 전의 호모 사피엔스이든 현대를 살아가는 나 자신이든 별이 총총한 밤하늘을 바라보면서 느낀 감정은 비슷했을 것이다. 어떤 막연한 존재를 향한 경외감이 종교와 신앙의 출발점이었을지도 모른다.

종교는 이렇듯 심오하고 깊은 감동을 준다.

가장 순수한 형태의 신앙심은 '가슴이 갈기갈기 찢어지는' 감정과 비슷하다. 자연 앞에서, 자연의 신비한 현상들 앞에서, 그리고 우리를 둘러싸는 동시에 우리의 내면에 펼쳐지는 무한한 공간 앞에서 자신의 무지를 깨닫는 겸허한 감정. 신앙심은 우주를 향한 감정이다. 그 안에서 때로는 부드럽게, 때로는 격하게 무엇이라 꼭 집어 이야기할 수는 없지만 전능한 무언가가 존재한다는 사실을 알게 된다. 종교의 불꽃을 마음으로 느끼는 그런 순간에는 과거에 살았던 모든 사람들, 앞으로 살아갈 모든 사람들과 내가 하나라는 생각이 든다. 이런 감정은 별이 초롱초롱한 밤하늘을 바라볼 때, 그 무한함을 응시할 때 더욱 강렬해진다. 밤하늘을 바라보는 이가 지금으로부터 5만 년 전에 살았던 호모 사피엔스의 대표이건, 오늘날 우리 중의 하나이건 상관없다. 똑같은 눈빛, 똑같은 광경이며, 똑같은 경외감이다. 이런 감정의 강도가 신앙심의 강도를 결정한다.

종교와 신학의 관계

종교는 사고보다는 감각에 더 가깝다. 종교는 창조를 향한 응시, 창조에 대한 감탄에 그 뿌리를 두고 있다. 그 다음으로 사고와 사고 구조에 첨가된 모든 것이 신학일 것이다. 다시 말해 원초적 신앙은 신학이 없어도 가능하다. 이 말은 종교가 없어도 종교적일 수 있다는 의미다. 신앙심은 지극히 개인적인 것이다. 온전히 스스로의 뜻에 따라 유지되며 다른 사람의 견해에 좌우되지 않는다. 신앙심은 내적 자유의 가장 뛰어난 표현이다.

영겁을 느끼는 순간, 보잘것없고 무상한 자신이 영겁과 일치됨을 경험하고는 한다. 이 순간, 인간은 자신이 영원한 존재라고 느낀다. 나는 이것이 모든 종교의 씨앗이라고 생각한다. 신학자이자 철학자였던 슐라이어마허Friedrich Ernst Daniel Schleiermacher, 1768~1834는 다음과 같은 구절로 '가슴으로 느낀 종교'를 표현했다.

'……너희들이 찾아낸 만큼 우주와 융합하였다면, 더 위대하고 더 신성한 동경이 너희 안에서 탄생하였다면, 죽음이 우리에게 선사하는 희망에 대해 그리고 죽음을 통해 우리가 틀림없이 나아가게 될 그 영겁에 대해 계속 이야기해 보자.'

이 글귀에 신이라는 단어는 나오지 않는다. 인간을 사로잡는 감정은 어떤 말로도 표현할 수 없다. '신'은 그저 수많은 말들 중 하나에 불과하다. 하지만 한 가지만은 분명하다. 우리를 둘러싼 무한의 세상 그리고 우리를 구성하고 있는 원자에 이르기까지 우리 안에 숨어 있는 그 무한의 세상이 없다면 신은 있을 수 없다.

여기서 아주 중요한 결론이 나온다. 종교에서는 신의 관념이 우리가 생각하는 것처럼 그렇게 높은 자리를 차지하지 않는다는 사실이다. 그 자체로는 별 의미도 없는 '신'이라는 단어 때문에 원래의 그 경외감이 추상적인 관념, 즉 신이라는 관념으로 축소되어 버린다. '가슴이 갈기갈기 찢어지는' 초월적 감정 대신 인간의 머리로 규정한 신에 대한 믿음이 자리를 차지해 버린다. 그 결과 문제가 발생할 수 있다. 신학, 즉 종교의 체제에 의해 전체를 파악하는 감각이 소멸되는 것이다. 결국 남는 것은 내 종교는 옳고 남의 종교는 그르다는 인식뿐. 그런 인식은 열정적인 동시에 편파적이다. 그리고 이러한 편파적 열정은 광신주의로 치달을 수 있다.

불교를 비롯한 동양의 종교들이 상대적으로 광신주의에 덜 휩쓸리는 까닭은 '가슴이 갈기갈기 찢어지는' 원초적 감정을, 우주와 하나가 되는 느낌을 간직하고 있기 때문은 아닐까? 동양의 종교는 인간이 만든 신의 관념을 포기한다. 따라서 이런 종교를 믿는 사람들은 마음이 자유롭다. 무슨 일이든 '때문에' 행하는 것이 아니라 신앙심을 '품고서' 행한다. 그래서 평정한 마음을 유지한다. 아마도 이것이 가장 종교적인 감정일 듯하다. 하지만 그런 마음을 얻기란 아주 힘들다.

자, 그럼 과연 종교란 무엇인가? 위대한 감정, 인간이 느낄 수 있는 가장 위대한 감정일 것이다. 종교는 내 안에 담긴 우주의 메아리다. 그렇게 본다면 종교가 아닌 것이 무엇인지도 자연스럽게 알 수 있다. 어떤 신이든 그 신의 노예가 되는 것, 초월적인 권력이 무서워 복종하는 것, 곰팡내 나는 도그마의 지하실에 감금되어 있는 것, 그것은 종교가 아니다. 종교는 정신적 자유의 최고봉이다. 진정한 종교는 자유로울 때만이 가능하다. 모든 진리는 오로지 자유로부터 탄생한다. 부자유와 어리석음과 하나가 되는 순간 종교는 사이비 종교가 되고 거짓이 된다.

❖ 어떤 종교를 갖고 있는가 하는 문제보다 종교의 가르침을 얼마나 실천하고 있는가가 중요하다.

❖ 종교[religion]의 어원인 라틴어 '렐리지오religio'는 '신에 대한 두려움'이라는 뜻이다. 하지만 절대적 존재에 대한 두려움은 종교적 체험을 통해 경외감으로 전환된다.

❖ 신학이 없어도, 종교적 체제가 없어도 '신앙'은 존재할 수 있다. 신앙은 지식과 교리가 아니라 이 세계와 우주에 대한 경외감으로부터 출발한다.

❖ 종교는 정신적 자유에서 비롯된다. 자유롭지 못하다면 그것은 종교가 아니다.

종교는 왜
존재하는가

죽음 그 너머를 생각하다

한번 상상해 보자. 어느 날 갑자기 종교가 사라진다면 어떨까?
"그게 무슨 대수라고!" 이렇게 소리치는 사람이 있을 것만 같다.

종교가 없어진다고 세상이 멸망하지는 않을 것이다. 그렇다면 종
교가 우리 삶에 그리 중요한 역할을 하지 않는 게 아닐까? 그럼에도
종교가 이 사회에서 완전히 사라질 수도 있다는 생각을 하면 기분이
아주 묘해진다. 종교가 사라질 경우 우리 사회도 영혼을 잃거나 마
비되어 버릴지 누가 알겠는가?

이웃을 사랑하고 평화를 추구하며 남의 재산을 탐하지 않는 등
사회를 유지시키는 기본적인 가치관은 종교에 그 뿌리를 두고 있다.
종교는 가장 원초적인 가치의 창조자다. 물론 그렇다고 해서 종교만
이 가치의 유일한 수호자라는 의미는 아니다. 또 종교를 믿는 사람

❖ ― 인류는 석기 시대부터 시신을 매장하는 풍습이 있었다. 선사 시대의 무덤들은 인류가 비교적 이른 시기부터 죽음 이후의 세계를 생각했음을 보여 준다.

만이 우리 사회의 질서와 가치를 지킨다는 뜻도 아니다. 하지만 제아무리 무신론자라 할지라도 윤리 의식이 높은 사람이라면 자신이 간직한 가치가 종교에서 비롯되었다는 사실만큼은 부인하지 못할 것이다.

사실 왜 종교가 존재하느냐고 묻는다면 딱히 할 말이 없다. 왜 인류가 존재하느냐는 물음에 답할 수 없는 것과 마찬가지다. 인류는 존재하기 때문에 존재한다. 그리고 인류는 다른 생명체와 달리 비교적 이른 시기부터 종교적이었다. 인류의 역사는 종교의 역사와 맥을 같이한다. 종교의 기원은 태고사의 안개 속에서 길을 잃었지만, 아주 분명한 사실은 종교의 원시 형태, 즉 매장 의식이 등장하는 지점에서 인간다움을 이야기할 수 있다는 점이다.

호모 사피엔스는 '지혜로운 인간'이라는 뜻이다. 현생 인류의 조상을 '지혜롭다'고 표현한 것은 그들이 자신의 유한성을 깨달았기 때문이 아닐까? 종교는 인간이 생각하는 존재, 질문하는 존재이기 때문에 존재한다. 동물에게는 종교가 없다. 동물은 자신의 현존과 유한함 때문에 골머리를 앓지 않는다. 종교는 인간이 특별히 크고 우수한 두뇌를 가졌기 때문에 존재하는 것이다.

신을 불러내는 버튼

현대의 뇌과학은 인간이 종교를 경험하면서 나타나는 현상을 연구해 왔고, 이를 위해 인간의 두뇌를 아주 정확하게 관찰했다. 우리의 모든 사고와 감정을 담당하는 유일무이한 이 신비의 기관을 관찰한 결과 영성, 즉 종교적 감정 역시 인간의 모든 감정과 마찬가지로 두개골 아래에 자리 잡은 '3파운드의 우주'에서 나온다는 결론을 얻었다.

스펙트SPECT 카메라를 이용하면 정신노동을 하고 있는 두뇌를 관찰할 수 있다. 두뇌의 미세한 혈액 순환 모델을 알아내고 그로부터 두뇌 활동을 거꾸로 추론하는 것이다. 활성화되고 있는 뇌의 영역은 그렇지 않은 영역에 비해 피가 많이 모인다. 그래서 열심히 활동 중인 영역은 카메라상에서 적황색으로 나타난다.

이런 방법을 이용하여 명상 중인 티베트 승려의 두뇌를 관찰했

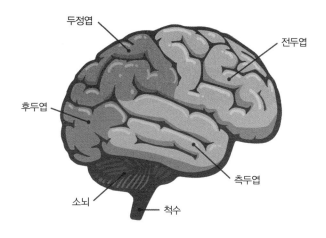

✤ ― 두뇌의 각 기관. 인간이 어떤 작업을 하면, 그 작업의 성격에 따라 두뇌의 특정 기관에 혈액이 몰리면서 활성화된다. 뇌과학자들은 인간의 영적 체험 역시 두뇌의 작용으로 보고 있다.

다. 관찰 결과에 따르면 명상이 절정에 달한 순간 전두엽의 활동이 높아지는 것을 알 수 있다. 하지만 그와 동시에 뒤통수, 이른바 후두엽의 신경 세포는 휴식에 들어간다. 보통 때 후두엽은 외부에서 계속해서 밀려오는 감각 인상을 평가하고 분류하기 위해 정신없이 바쁘다. 그래야만 나와 나머지 세계를 구분할 수가 있다. 그런데 명상을 할 때는 자아와 외부 세계의 엄격한 구분이 희미해진다. 이로써 자아의 해체, 삼라만상과의 일치가 나타난다.

이것이 전부가 아니다. 인도의 저명한 뇌과학자 빌라야누르 라마찬드란Vilayanur S. Ramachandran, 1951~은 두뇌에서 종교를 발견했노라고 주장한다. 그에 따르면 뇌에는 명상을 하지 않아도 종교적 감정을 생산하는 부위가 있는데, 그것이 바로 왼쪽 귀 뒤쪽에 위치하고 있는 측두엽이라는 것이다.

측두엽은 특히 우리의 감정을 담당하는 대뇌변연계와 밀접한 관련이 있다. 라마찬드란은 이것이 일종의 '신의 모듈', 다시 말해서 신앙심을 담당하는 뇌 부위라고 설명한다. 그래서 일정한 진동을 가진 자기장으로 이 부위를 자극할 경우 일정 시간이 지나면 강렬한 종교적 감정이 일어난다는 것이다. 이 실험의 피실험자들은 한 번도 경험하지 못한 영적인 힘을 강렬하게 느꼈다고 한다. 종교적인 성향이 없는 사람의 경우에도 결과는 마찬가지였다. 그러니까 그들이 체험한 '신'은 인위적인 자기장과 왼쪽 측두엽이 조응한 결과다. '버튼' 하나만 누르면 언제든지 '신'을 불러낼 수 있다는 이야기다.

따라서 현대 뇌과학은 종교가 우리 뇌의 특정 영역에서 나온다고 아주 냉정하게 단언한다. 하지만 놀랄 필요 없다. 뇌가 아니라면 어디에서 종교가 나온단 말인가! 뇌과학자들은 종교적 인간이 비종교적 인간과 다른 점은 '신의 모듈'이 쉽게 자극받거나 아니면 어떤 이유로 인해 지속적인 자극 상태에 있는 것뿐이라고 생각한다. 가끔씩 일종의 신경 합선으로 인해 왼쪽 측두엽에 천둥과 번개가 치는 사람들이 있다. 이들을 간질병 환자라고 부른다. 놀랍게도 간질병 환자들 중 많은 사람이 발작을 일으키는 동안 어떤 영적 존재와 하나가 되는 느낌을 받거나 '신'이 직접 자신에게 말을 건다고 주장한다. 옛날 사람들이 간질병 환자를 병자로 보지 않고 신과 접촉한 사람으로 생각한 것도 놀랄 일은 아니다. 그들을 치료 대상이 아니라 성자로 숭배했던 것이다.

신을 인간이 창조했다는 견해에 대하여

뇌와 종교의 연관성을 밝히고자 하는 연구 결과는 무척 흥미롭다. 하지만 종교적 체험과 초월적 감정에 대한 뇌과학자들과 종교학자들의 견해가 불편하게 다가오는 것 또한 어쩔 수 없다. 신앙이 과도한 자극이나 자기장의 영향을 받아 뒤죽박죽이 되어 버린 두뇌의 오류에 불과한 것처럼 들리기 때문이다. 그게 사실이라면 '정상적인' 인간은 종교적일 수 없다. 신앙심은 깊건 얕건 장애가 발생한 두뇌의 생화학적 반응으로 축소된다. 이보다 더 심한 평가절하는 없을 것 같다. 신에게는 자리가 없다. 신은 오로지 신자의 뇌에서만 존재한다.

이러한 연구 결과는 무신론자들의 환영을 받을 것이다. 그들은 인간이 (머리로) 신을 창조했고, 종교는 말 그대로 두뇌가 만들어 낸 유령이라고 주장한다. 틀린 말은 아니다. 바흐나 모차르트의 음악도 머리에서 나왔고, 우리가 그 음악을 들을 때에도 머리의 도움을 받아야 한다. 신을 생각한다는 것이 신의 존재를 입증하는 증거가 될 수는 없지만, 정말로 신이 인간 정신의 창조물에 불과하다 할지라도 그 창조물은 인간이 만들어 낸 중요하고 훌륭한 작품 중 하나다. 그리고 신이라는 존재의 가능성을 생각하는 지점에서만이 인류에 대해서도 이야기할 수 있다.

신이라는 존재가 인간 두뇌의 산물이라고 해서 결코 신이나 신앙의 가치가 떨어지는 것은 아니다. 아무리 종교적인 인간이라 할지라도 종교가 음악이나 시, 수학, 철학 혹은 다리를 꼬는 간단한 동작과 마찬가지로 두뇌에서 탄생했다는 사실은 인정해야 한다. 처음에는 실망스러울 수도 있다. 하지만 사랑이 뇌에서 탄생한다는 사실을 깨달았다고 해서 갑자기 사랑이 아무런 가치가 없어지는 것은 아니다. 현대 뇌과학자들의 연구 결과를 이 세상에 신이 없다는 증거로 받아들여서도 안 된다. 오히려 정반대로 창조주에 대한 믿음을 불러내는 뇌가 신의 창조 계획서에 포함되어 있었노라고 해석할 수도 있다.

❖ '죽음'이라는 유한함을 극복하고자 하는 의지는 인간과 동물을 구분하는 중대한 기준이 된다.

❖ 현대의 뇌과학자들은 두뇌의 특정 부위를 자극했을 때 사람이 영적으로 고양되고 이를 종교적 체험으로 해석한다는 사실을 알아냈다. 수많은 간질병 환자들은 발작 상태에서 영적인 존재와 일치하는 듯한 경험을 한다고 털어놓았다.

❖ 신이 뇌가 만들어 낸 관념이라거나 '이상 현상'이라고 해서 신앙의 가치가 낮아지는 것은 아니다. 우리에게 두뇌가 없다면 무엇으로 신과 연결되겠는가? 우리는 머리로 사랑을 하지만, 사랑은 언제나 고귀하다.

인간은 왜 종교를 필요로 할까

고대 바빌론 지도에 나타난 종교관

오늘날까지 전하는 가장 오래된 세계 지도는 기원전 700~500년 경에 만들어진 것으로 추정되는 바빌로니아 시대의 것이다. 이 지도를 보면 땅은 대양 위에 떠다니는 납작한 원반 모양이고 이 원반의 중심에 바빌론이 자리하고 있다. 지도 제작자가 바빌론을 지도의 중심에 놓은 것은 일종의 종교적 행위로 해석할 수 있다. 이러한 행위는 현대인들의 세계관에까지 영향을 미치는 아주 중요한 진리를 담고 있다. 세상을 바라볼 때 인간은 항상 자신을 세상의 중심에 놓고 생각한다는 진리. 그래야만 자신이 별 볼일 없는 인간이라는, 외롭고 고독한 존재라는 답답한 상태를 떨쳐 버릴 수 있다.

또 고대 바빌로니아의 지도에는 인간이 왜 종교적 믿음을 갖게 되었는지에 대한 중요한 단서가 담겨 있다. 인간은 안전과 보호를 보장받기 위해 중심이라는 확고한 위치를 갈망한다. 그것이 무엇이든 자기만의 중심을 찾는 것, 그것은 오늘날에 많은 사람들이 손꼽는 종교의 주요 동기다. 가장자리에 있으면 혼란과 해체, 죽음의 위협에 맞닥뜨린다.

물론 현대 사회에는 종교 없이도 아주 잘 사는 사람이 많다. 적어도 잘살고 있다고 스스로 믿는다. 하지만 의식하지 못한다 해도 그들 역시 어떤 형태로건 종교를 추구하고 있다. 인간에게는 모든 것이 종교가 될 수 있기 때문이다. 사랑, 예술, 정치, 축구, 열정, 돈……. 이런 것을 두고 '대체 종교'라고 부른

❖ ― 바빌론 지도에는 자신이 아는 세계를 중심에 놓는 당대 사람들의 세계관이 잘 나타나 있다. 오늘날까지 이어지고 있는 이러한 세계관은 종교관과도 연결된다.

다. 분명 인간은 무언가를 믿을 때에만 존재할 수 있다.

종교가 공동체의 결속을 끌어내다

신이 있든 없든 종교는 인간 사회의 기본적인 구성 요소다. 종교는 자연적인 욕구이자, 최소 4만 년 전부터 인간이 향유해 온 문화적 욕구다. 그런데 사회 구성원들이 시간과 에너지의 대부분을 신을 섬기거나 인간을 '신'으로 추앙하는 데 써 버린다면 인간 사회는 어떻게 될까?

인간의 본질적 특성을 연구하는 인류학자들은 사냥과 채집을 하던 우리 조상들이 왜 식량을 부족의 구성원들과 나누어 먹었는지 분명하게 설명할 수 있다. 하지만 왜 그들이 적지 않은 양의 식량을 제단에 올리고 불태웠는지는 쉽사리 설명하지 못한다. 원칙대로 하자면 그런 낭비 행위는 진화에 역행하는 것이다. 진화는 모든 생명체에게 생명을 유지하기 위한 기초 자원을 최대한 빨리 얻어 가장 효율적으로 이용하라고 가르치기 때문이다. 그렇게 본다면 값진 식량―심지어 때로는 자신의 부족 구성원까지―을 제단에 바치는 행위는 광기로 매도되어 마땅하다. 적어도 원시 형태의 종교는 정신 착란의 왕국으로 추방해 버려야 할 것이다. 하지만 종교가 정말로 광기의 한 형태에 불과했다면, 지난 4만 년 동안 인류의 발전에 그렇게 대단한 영향을 미치지 못했을 것이며 인류의 성공에 그 정도로 많은 기여를 하지도 못했을 것이다.

그렇다면 그 자체로는 아무런 이득도 주지 않는 종교의 효용은 과연 무엇일까? 학자들은 이번에도 아주 냉철한 답을 내놓는다. 종교는 인간 공동체를 결속시킨다고 말이다. 그중에서도 특히 제의와 종교 의식이 결속력을 강화하는 데 중요한 역할을 했다고 말한다. 엄격한 의식과 장엄한 제의는 강력한 소속감을 불러일으킨다. 때문에 독재자들은 공식적인 행사를 치를 때 종교 의식을 많이 차용한다.

종교는 결속을, 결속은 공동체를 만든다. 이를 위한 수단은 의식과 제의만 있는 것이 아니다. 종교 공동체의 구성원이라면 반드시 지켜야 하는 계명과 금기 등 수많은 의무도 중요한 수단이 된다. 그리고 놀랍게도 구성원에게 부과되는 제약이 많을수록 종교 단체를 향한 구성원의 헌신이 커진다. 신자들에게 많은 것을 요구하는 종교 공동체가 성황을 누리는 이유도 바로 이 때문이다. 물론 현대 사회에는 해당되지 않는 원칙일지도 모른다. 현대인들은 신앙심이 희박해졌기 때문이다.

종교가 가진 효용을 사회적 결속력을 강화시킨다는 사실만으로 다 설명할 수는 없다. 종교 의식, 제식, 계명, 금기에 이어 신을 향한 믿음이 결정적인 요소로 추가된다. 초월적 존재는 입증 불가능하기에 오히려 신도들의 헌신을 부추긴다. 신성神聖은 입증 불가능하기에 뒤집을 수 없는 진리로 굳건히 자리 잡는다. 신성은 이성이 아니라 직관으로 마주하는 것이다. 직관이란 논리적 추론을 거치지 않고 어떤 대상을 파악하는 능력이다. 신성은 눈으로 보지 않고 마음으로 보는 것이기에 종교적 직관은 더욱 중요해진다. 그리고 이는 종교 단체의 구성원들이 신성한 힘을 체험할 경우 한층 더해진다. 각 종교가 공동으로 행하는 예배나 기도에 무게를 두는 이유도 바로 그 때문이다.

종교 공동체는 이런 방법들을 동원하여 단단한 결속력을 만들어 간다. 때로는 그 결속의 강도가 죽음의 공포를 넘어서기도 한다. 심지어 죽음을 통해 신성과 일치하고자 하는 갈망을 불러일으키기도 한다. 이처럼 강력한 종교의 결속은 인간종이 진화에서 성공을 거두는 데 있어 큰 공을 세웠다. 오늘날에도 종교 공동체는 현대 사회

❖ ── 메소포타미아 문명의 지구라트Ziggurat:신전와 남아메리카 고대 문명의 피라미드. 인류의 역사는 종교의 역사와 맥을 같이한다. 종교는 사회의 결속을 강화하는 역할을 했기에 종교가 없었다면 문명이 발달하지 않았을지도 모른다.

의 병폐라 할 수 있는 분열과 고독을 예방하는 역할을 하고 있다. 특히 위기와 재앙이 닥치는 순간에 종교의 이러한 측면이 진가를 발휘한다.

도덕적 가치를 추구하다

종교의 '접착제'가 하나 더 있다. 종교는 다른 사회단체들과 달리 도덕적 가치를 중계한다. 종교는 인간 역사상 가장 강력한 교육 기관이다. 한 사회를 결속시키는 모든 기본 가치는 결국 종교에 뿌리를 두고 있다. 시대를 초월하는 종교의 사명은 세계를 더 나은 곳으로 만드는 데 있기 때문이다. 착하게 살라, 친절하라, 남을 도우라, 남의 아픔을 모른 척하지 말라, 정직하라, 예의바르게 행동하라…….거의 모든 종교가 이런 메시지를 부르짖는다. 종교의 비극은 종교 그 자체가 아니라 신자들이 자기 종교의 호소를 오해하고 왜곡시킨다는 데 있다.

종교는 인간의 마음속에 도사리고 있는 사악한 기운을 억제하여 개인과 인류가 평화에 이르는 길을 가르쳐 준다. 이러한 종교의 목적이 제대로 작동하지 못하는 것은 종교 탓이 아니라 인간이 종교를 잘못 이용하기 때문이다. 종교는 도덕적 원칙들을 광범위하게 수집하여 제시한다. 하지만 그 도덕적 원칙을 실행에 옮기는 것은 순전히 개인의 몫이다.

영원성을 향한 의지

공동체의 결속과 도덕적 가치를 추구하는 것으로 종교의 모든 의미를 파악했는가? 전혀 그렇지 않다. 사회적 효용 가치로만 종교를 바라보아서는 충분하지 않다. 그럴 경우 종교는 사회가 이루고자 하는 목적을 위한 수단─물론 이것 역시 중요하지만─에 머물고 만다. 종교의 목적은 그것으로 끝나지 않는다. 종교는 더욱 심오한 것을 목표로 삼는다. 바로 유일무이한 우리의 실존이다. 이 말은 종교가─종교의 대리 형태들 역시─우리의 유한함, 일상의 위험과 관련을 맺고 있다는 뜻이다.

매순간이 마지막이 될 수 있다. 유한성은 우리의 실존에 꽂힌 고통스러운 가시이며, '신의 모상'인 인간에게 자연이 던진 최대의 굴

❖ ― 고대부터 인간은 불멸을 꿈꾸었다. 고대 이집트 사회에서의 죽음은 일종의 긴 여행으로 받아들여졌다.

레다. 죽음은 불멸을 향한 욕망을 일깨운다. 그리고 종교의 도움으로 인간은 죽음의 공포에서 벗어날 수 있다. 대부분의 종교는 죽음 다음에도 생이 이어지며 그것은 영원한 것이라고 가르친다. 하지만 이런 약속이 너무나도 터무니없게 들리기에 아무런 갈등 없이 받아들이기란 쉽지 않다. 그게 사실일까? 정말 그럴까? 종교를 가진 사람들도 늘 의심을 품는다. 하지만 사실 진정한 믿음은 마땅히 의심하는 믿음이어야 한다.

종교는 지극히 짧은 현세가 내세로 향하는 일종의 시험이며, 죽음은 건널목에 지나지 않는다고 말한다. 그렇게 생각해야 얼마 살지도 못하고 불안에 떠는 인생의 의미가 그나마 납득될 것이다. 종교에 따라 약속의 형태는 다르지만, 대부분의 종교가 죽어도 죽지 않는다고 약속한다.

여기까지는 좋다. 아니, 여기까지만 해서는 나쁘다. 솔직히 말하면 아직까지도 만족스러운 대답이 나오지 않았다. 종교가 정말 두려움을 물리치기 위한 수단에 불과할까? 그렇다면 종교는 목표를 위한 수단, 일종의 영적 진정제에 지나지 않는다. 현재의 삶에 이어 우리가 상상할 수도 없는 시간이 뒤따른다고 해서 현세가 의미를 얻게 될까? 오히려 그로 인해 지금 우리의 삶이 평가 절하되는 건 아닐까? 현세의 삶은 내세에서 펼쳐질 영원한 연극의 리허설에 불과할 테니 말이다. 실제로 종교는 이런 방법으로 삶을 깎아내리려고 노력해 왔다. 현세의 삶 속에 있는 고통과 슬픔을 부각시키면서 삶의 아름답고 즐거운 면들을 가리려 애썼다. 삶은 정말로 그 자체로는 아무런 가치가 없는 걸까?

결국 문제는 이것이다. 현재의 삶에서 의미를 찾지 못하고 종교에서 말하는 영원한 삶으로 연결되는 일관성을 발견하지 못한다면, 지금의 내 삶은 엄청난 부담으로 다가올 수밖에 없다. 그래서 우리는 우리의 짧은 현생이 포함되어 있는 영원한 일관성을 목표로 삼게 된다. 이 과정에서 우리는 현생 너머까지 생각을 이어 가고, 수수께끼를 풀 수 있는 하나의 해답으로 종교에 기대는 것이다.

사랑한다면 종교인이다

종교는 의미 있는 삶으로 가는 공짜 차표가 아니다. 신을 믿는다고 해서 저절로 의미가 생기지는 않는다. 신에게로 가는 길이 그릇된 길일 수도 있고 막다른 골목일 수도 있다. 의미만 찾을 뿐 정작 중요한 것이 결핍되어 있기 때문이다.

가장 중요한 것은 사랑이다. 종교가 약속하는 모든 것은 사랑을 통해서만 달성된다. 정확히 이 지점에서 모든 종교는 하나다. 사랑이 없는 종교는 종교가 아니다. 사랑은 신앙이라는 반죽을 빵으로 만드는 효모다. 사랑을 하는, 무조건적인 사랑을 하는 사람이 종교인이다. 종교와 아무런 관계없이 살아도 그가 바로 종교인이다.

무엇 때문에 종교가 필요한가? 답은 아주 간단하다. 종교의 가장 깊은 본질에 사랑의 약속이 있다.

❖ 사람은 누구나 무언가를 믿는다. 자신의 신념, 사랑, 사회적 위치, 돈 등등. 이러한 것을 '대체 종교'라고 한다.

❖ 종교는 여러 가지 제의와 종교 의식을 통해 공동체를 결속시킨다. 종교적 금기가 강할수록 추종자의 충성심은 더욱 깊어진다. 때문에 독재자들은 장엄한 종교 의식을 차용해 왔다.

❖ 신성은 입증 불가능하기에 오히려 신도의 헌신을 부추긴다. 신은 미제(謎題)의 존재로서 진리가 된다.

❖ 종교의 주요한 효용성 중 하나는 도덕적 가치다. 인간 사회의 규범과 질서는 종교의 메시지로부터 비롯되었다.

❖ 현세의 유한성을 뛰어넘어 영원한 삶으로 이어지는 길목을 발견하도록 하는 것 또한 종교의 주요한 역할이다.

❖ 종교가 약속하는 진정한 가치는 사랑을 통해서만 실현된다.

우리는 왜
사는 걸까

삶은 의미를 발견하기 위한 여정

존재의 의미를 묻는다는 건 인간이 자신을 소중하게 생각하는 동시에 스스로 하잘것없는 존재로 여기고 있음을 뜻한다. 이 거대한 무한의 시공간에서 그 무엇도 인류에게 관심을 갖지 않는다.

누구나 문득 의문이 솟구치는 순간이 있을 것이다. 이게 다 무슨 소용이란 말인가? 어차피 얼마 못 살고 죽을 텐데. 이처럼 무자비한 진리 앞에서 삶은 무의미한 버둥거림에 지나지 않는다. 영혼에 구멍이 뻥 뚫리는 것 같은 이 순간, 현기증이 난다. 그래서 얼른 딴 생각을 한다.

그렇다. 우리의 영혼에는 깊은 구멍이 하나 있다. 그 구멍이 무시무시한 모습으로 우리를 보며 하품을 하지 못하도록 우리는 매일 열심히 그 구멍을 메운다. 그렇지 않으면 마음이 텅 비는 것 같다. 영혼의 구멍을 메우기 위해 우리는 먹고 마시고 사람을 만나고 예술 작품을 감상하고 정치·사회 활동에 참여하며 돈을 벌고 돈을 쓰고 운동을 하고 야외로 나가고 여행을 하고 오락을 한다. 하지만 아무것도 도움이 되지 않는다. 언젠가 우리는 죽을 것이다. 안간힘을 써서 구멍을 메워 놓았지만 어느새 다시 구멍이 입을 쩍 벌리고 하품을 한다.

이 구멍을 메우는 방편으로 유대교는 『토라』, 즉 모세오경을 제시한다. 기독교에서는 그에 해당하는 것이 복음서이고, 이슬람교에서는 『쿠란』, 불교에서는 부처의 말씀, 힌두교에서는 『베다』다. 이러한 경전들은 종교적 관점에서 생존의 의미를 보여 준다. 무의미하게 느껴지는 현존에 신의 계시로서 의미를 부여한다. 종교는 신의 말씀을 통해 의미를 약속한다. 하지만 착각하지 말라. 신이 있다고 해서 의미 찾기가 수월해지는 것은 아니다. 인생의 의미는 하늘에서 떨어지는 것이 아니다.

이런 이야기가 있다. 한 남자가 『탈무드』 5,422쪽을 독파하고 자부심에 가득 찬 채 랍비를 찾아가 자랑했다. 그러자 랍비가 그를 바라보며 이렇게 말했다. "아주 잘했네. 그런데 『탈무드』도 자네를 독파했는가?"

의미는 그저 거기에 있는 것이 아니다. 어느 날 저절로 생겨나는 것도 아니다. 의미는 개개인이 열심히 찾아내야 하는 것이다. 모두에게 통하는 의미가 있는 것도 아니다. 만인에게 공통된 것은 의미를 향한 동경뿐이다. 이 동경을 현실과 인생의 진리를 향한 영혼의 열망으로 해석할 수도 있다. 인생에서 정말로 중요한 것은 무엇이고 크게 중요하지 않은 것은 무엇일까? 바로 이 지점에서 종교가 신을 가리키며 개입하려 한다. 신이 없으면 의미를 찾을 수 없다고, 신의 품 밖에서는 의미가 생기지 않는다고, 의미를 찾는 자는 스스로 의식하건 그렇지 않건 신을 찾고 있는 것이라고 말이다. 가톨릭 철학자이자 수녀인 에디트 슈타인Edith Stein, 1891~1942. 아우슈비츠에서 사망했다도 비슷한 말을 했다. "진리를 찾는 사람은 의식하건 그렇지 않건 신을 찾고 있는 것이다." 성경에도 이런 구절이 있다. '하느님, 생명을 주시는 나의 하느님, 당신이 그리워 목이 탑니다.' 신을 향한, 진리를 향한 이런 동경을 통해 자기 자신을, 단지 지능을 가진 동물일 뿐이라는 자신의 유한함을 넘어서려 한다. 마음을 무겁게 하는 것, 무상한 것, 그릇된 것, 무의미한 모든 것을 뛰어넘고자 하고, 현세의 속박을 끊어 버리며, 속되고 하찮은 일상에서 구원되고자 한다.

실존주의 철학이 말하는 '의미'의 고향

아무리 사랑하는 사람들과 함께 있어도 결국 인간은 외롭고 불안하며 고독하다. 누구나 혼자 죽는다는 걸 알기 때문이다. 그러기에 종교는 신을 피할 도리가 없다고 말한다. 하지만 이쯤에서 한마디 하고 넘어가야겠다. 의미를 찾는 자에게 해답을 주는 건 종교만이 아니다. 철학도 꾸준히 인생의 의미를 찾기 위해 노력해 왔다. 철학은 종교의 위대한 적수이자 동반자다.

의미의 문제에 해답을 던지려 했던 가장 최근의 철학은 온 세상이 마지막이 될지도 모를 세계 대전으로 치닫고 있을 즈음 잔혹한 전쟁의 무의미함을 설파하려 했던 실존주의였다. 작가이자 철학자인 장 폴 사르트르Jean Paul Sartre, 1905~1980와 알베르 카뮈Albert Camus, 1913~1960를 주축으로 프랑스에서 시작된 실존주의는 젊은 지성인들 사이에 엄청난 반향을 일으켰다. 실존주의가 신이나 내세를 거론하지 않고도 인생의 의미에 대한 시의적절한 대답을 던지려 노력했기 때문이다.

철학자 프리드리히 빌헬름 니체Friedrich Wilhelm Nietzsche, 1844~1900는 신은 죽었다고 선언했다. 고독은 신 없는 세상에 '내던져진' 인간의 어쩔 수 없는 굴레다. 고독에서 끝없는 공포가 탄생한다. 그것은 무無에 대한 공포다. 더 정확하게 말해 구원받을 길 없이 무를 향해 달려가는 무의미함에 대한 공포다. 인생의 종착점은 죽음이고 무인 것이다. 이러한 실존적 입장에서 보면 온 세상은-특히 인간의 활동은-부조리한 연극처럼 보인다. 신이 있다 해도 사정은 마찬가지일 것이다. 신도 인간의 고독을 없애 줄 수는 없을 테니까.

실존주의자의 입장에서 볼 때 인간은 신의 책임이 아니다. 오로지 자기 자신의 책임일 뿐이다. 이러한 사정은 인간에게 무거운 짐을 지우지만, 한편으로는 자유를 선사한다. 실존주의는 무신론적 철학이다. 인간은 신이 없고 의지할 데도 없는 세상에서 의지할 곳을 찾는다. 그리고 인간이 의지할 곳은 인간 자신에게만 있다. 신 안에서만이 궁극적 의미를 찾을 수 있다는 종교의 입장과는 하늘과 땅만큼 먼 사상인 것이다.

사르트르에 따르면 인간은 "자유롭도록 선고를 받았다. 스스로를 창조하지 않았기에 선고를 받았지만, 그럼에도 세상에 내던져져 자신이 행하는 모든 것에 책임을 지기에 자유롭다."고 말했다. 달리 표현하면 인간은 매순간 자기 자신을 창조하도록, 목표를 위해 자신의 삶을 최적으로 계획하고 실현하도록 선고를 받았다. 목표를 위해 몸을 던짐으로써, 어떤 일에 참여함으로써 의미를 찾는 것이다. 하지만 유감스럽게도

❖ ― 실존주의를 추구했거나 영향을 미친 대표적인 철학자와 문학가들. 실존주의는 개인의 주체적 존재성을 주장하는 한편 물질문명과 과학기술의 발달, 전쟁을 통해 비인간화되어 가는 인간의 현실을 고발했다. 상단 왼쪽부터 시계 방향으로 키르케고르, 도스토예프스키, 사르트르, 니체다.

바로 이 지점에서 의문이 치솟는다. 스스로 의미 있다고 생각한 일이 정말로 의미 있는지 누가 장담할 수 있단 말인가?

실존주의는 각 개인의 실존적 자유를 바탕으로 '실제로' 인생의 의미를 실현할 수 있다고 말한다. 인생의 의미는 개인의 삶 바깥, 특히 종교가 약속하는 내세가 아닌 개인의 삶 자체에 있다. 죽음으로 인해 삶이 끝나기에 인생의 의미와 개인의 자유는 인생 자체에서만 찾을 수 있고 일상에서 행동을 통해 실현된다. 소크라테스식으로 말

하자면 철학한다는 것은 죽음을 배우고 죽음을 두려워하지 않는 것이다.

그렇다면 인생을 통해 무엇을 할까? 분명 죽음은 우리의 삶을 무의미한 것으로 보이게 만든다. 하지만 바로 그 때문에 죽음은 삶에 가장 심오한 의미를 부여한다. 언젠가 끝이 나기에 삶은 의미를 갖는다. 죽지 않는 영원한 삶보다 더 부조리한 삶은 생각할 수 없다. 의미는 삶의 유한성이 있어야만 탄생한다. 불교처럼, 죽어 이 세상에서 영원히 사라지는 것을 구원이라 생각할 수도 있다. 구원의 무無로, 영원한 안식으로 사라지는 것. 하지만 그렇게 될 때까지는 우리 안에 있는 도덕적 법칙에 따라 행동해야 한다고 실존주의는 주장한다. 그 법칙이란 선과 인간성과 종교가 말하는 사랑을 기초로 한다. 의미는 선을 행할 때 나타난다. 이렇게 본다면 실존주의는 결국 휴머니즘이며 사회 참여의 철학이다.

다시 의문이 솟는다. 내가 선하다고 생각하는 것들이 정말로 선하다고 누가 장담할 수 있는가? 정확히 이 지점에서 실존주의는 종교와 맞닿는다. 실존주의 역시 삶의 의미를 선, 인간성, 사랑과 연결 짓기 때문이다. 모든 종교는 선행을 권한다. 신과 인간에 대한 무조건적인 사랑을 전파한다. 세상 모든 종교는 예외 없이 선을 행하고 악에 저항하라고 요구한다. 다만 선을 상위의 맥락, 즉 신의 맥락에서 바라볼 뿐이다. 인간이 선을 행하는 것은 신이 그것을 기대하기 때문이며, 자신의 영혼을 치유하는 데 도움이 되기 때문이다. 여기서 종교적 이기주의가 등장한다. 물론 이기주의라고 해서 비난해서는 안 된다. 앞에서 살펴보았듯이 인생의 의미를 찾는다는 것은 지극히 이기적으로 '자기' 삶의 의미를 찾는 것이기 때문이다. 아무리 이웃이 귀하고 사랑스럽다 해도 이웃의 삶의 의미를 찾는 사람은 없다.

선을 행한다는 것의 의미

종교는 선을 실현하는 것을 인간 역사의 최고 목표로 추앙함으로써 의미 찾기의 개인적이고 이기적인 면을 극복한다. 모든 종교는 이구동성으로 살아가는 동안 선을 행하고 악을 물리친 사람은 신이 정한 지고의 목표를 실현하는 데 기여한다고 주장한다. 예를 들어 유대교는 모든 인간이 선할 때 메시아의 시간이 올 것이라고 한다. 유대교의 이러한 유산은 기독교와 이슬람교에 계승된다. 이 3대 종교는 선을 통해서만, 도덕적인 것을 통해서만 인간 존재가 의미를 얻을 수 있다고 주장한다. 따라서 의미에 대한 믿음은 선에 대한 믿음일 수밖에 없다.

그런데 이러한 주장은 약간 묘한 깨달음으로 이어진다. 삶의 의미가 선을 믿는 사람에게만 열린다는 결론이 나오기 때문이다. 과장해서 표현하면 선을 향한 믿음이 없으면 의미도 없다는 말이 된다. 하지만 선에 대한 믿음은 어떤 토대를 필요로 한다. 그래야 악 앞에서도 흔들리지 않는다. 악 앞에서도 흔들리지 않기 위해서 선의 토대는 절대적이고 무조건적이어야 한다. 만물의 절대적이고 무조건적인 근거는 신이다. 따라서 선에 대한 믿음은 신에 대한 믿음과 분리될 수 없다. 선은 신에게서 나오기 때문이다. 신은 인간이 살아가면서 실현해야 하는 것으로 선을 인간 앞에 던져 놓았다.

정말 혼란스럽기 그지없다. 신을 주제로 삼으면 어쩔 수 없이 혼란스러워진다. 갈수록 더 혼란스러워질 것이다. 종교의 해묵은 문제, 즉 '선한 신의 모순'이라는 문제에 맞닥뜨리기 때문이다.

"신이 만물의 창조자라면 악의 창조자이기도 하지 않은가?"

만일 그렇다면? 달라질 것은 없다. 삶의 의미는 악이 아닌 선에서 자라난다. 악은 근본적으로 창조적인 것에 대립하기에 의미를 파괴한다. 악은 모든 도덕적 세계 질서를 부인하면서 무의미를 향해 직진한다. 때문에 모든 범죄는 무의미와 절망의 차갑고 충격적인 숨결을 뿜어내는 법이다.

이렇듯 종교는 지고의 의미 부여자다. 종교 자체가 신으로부터 선의 의무를 부여받았다. 때문에 종교의 이름으로 행하는 악은 더욱 나쁘다. 신 자체가 악의 신으로 왜곡될 것이고, 이는 결국 종교의 파멸로 이어질 수밖에 없다. 이 세상에 무의미를 가져다주는 종교는 자신의 불합리함을 논증하는 꼴이다.

신은 결코 모든 것을 막아 내는 갑옷을 주지 않는다

솔직히 이런 이야기들은 너무 비현실적이다. 또 설교 조여서 지겹다. 완벽한 의미의 맥락 속에서, 그러니까 헌법을 통해 선의 의무를 느끼고 신에게 근거를 둔 사회에서 사는 동안에는 의미에 대해 쉽게 이야기할 수 있다. 하지만 곤궁과 고통이 시작되면 얼마나 순식간에 이런 의미를 잃어버리는지 모른다. 이미 수많은 사람이 신에 대한 믿음을 잃었고 더불어 선에 대한 믿음을 잃었다. 신에 대한 믿음이 한 인간을 악으로부터 지켜 주지 못하기 때문이다. 신은 자신을 믿는 이들에게 무엇으로도 뚫을 수 없는 외투를 둘러 주지 않는다. 신은 믿음에 대한 직접적 보상을 약속하지도 않는다. 가혹한 시련을 겪은 사람은 의미의 문제를 전혀 다른 눈으로 보게 된다. 신에게 버림받았다고 느끼며 완전히 무의미에 몸을 던질 것이다. 적지 않은 이들이 이런 상황에서 신을 저주했다.

하지만 다른 경우도 있다. 성경의 「욥기」에서 감동적으로 그려낸 '그럼에도 불구하고'가 바로 그런 경우다. 「욥기」에는 신의 불가해성을 입증하는 놀라운 문장이 있다. '하느님께서는 고생을 시켜 가며 사람을 건지신다오. 고난 속에서 사람의 귀가 열리게 해 주신다오.' 이 문장의 의미를 파악하기란 쉽지 않다. 끔찍한 고통 속에서도 신의 선함을 볼 수 있고 위협적인 파괴를 생명의 길로 생각할 수 있으려면 도대체 얼마나 믿음이 강해야 할까?

리투아니아 출신의 유대계 작가 즈비 콜리츠Zvi Kolitz, 1913~2002의 『신에게 돌아간 요셉 라코버』는 「욥기」의 이야기를 새롭게 들려준다. 1943년 바르샤바 게토의 저항 운동가는 사랑하는 모든 것을 잃고 죽음이 목전에 다가왔을 때 신을 신랄하게 비난한다. "이스라엘

❖ ─ 성서에 등장하는 인물인 욥을 묘사한 그림. 욥은 부유하고 많은 가족을 거느렸으나 고난이 계속되면서 열 명의 자녀를 잃고 재산과 건강마저 잃는다. 하지만 그는 끝끝내 하느님을 향한 믿음을 포기하지 않았다.

의 신이시여, 저는 당신을 마음껏 섬기고자 이곳으로 도망쳐 왔습니다. 당신의 계명을 지키고 당신의 이름을 성스럽게 하기 위해. 하지만 당신은 제가 당신을 믿지 못하게끔 모든 일을 하셨습니다. 이런 유혹으로 저를 옳은 길에서 끌어낼 수 있다고 생각하셨다면, 나의 신, 내 부모의 신이시여, 당신께 호소합니다. 그 무엇으로도 그러실 수는 없을 것입니다. 저를 모욕하셔도, 저를 벌하셔도, 제가 이 세상에서 가지고 있는 가장 값지고 소중한 것을 앗아 가신다 해도, 저를 죽도록 괴롭히신다 해도 저는 항상 당신을 믿을 것입니다. 당신께 반항하며 저는 항상 당신을 사랑할 것입니다. 언제나.”

책은 의미를 묻는 질문이 완전히 무의미한 질문은 아닌가라는 충격적인 질문으로 끝을 맺는다. 만일 그렇다면 종교의 대답 또한 무의미할 것이다. 무의미한 질문에 무의미한 대답밖에 나올 수 없을 테니까.

- ❖ 순간순간 찾아오는 공허함을 지우기 위해 사람은 매일 무언가를 한다. 유한한 삶에서 의미를 발견하기 위해 애쓴다. 종교는 이 텅 빈 마음의 문을 두드린다. 신을 통해서 의미를 찾으라고.

- ❖ 실존주의는 인생의 의미를 인간의 삶과 일상 속에서 찾을 수 있다고 말한다. 한편 의미를 찾기 위해서는 선, 인간성, 사랑을 행해야 한다고 강조한다. 무신론을 토대로 하는 실존주의는 이 부분에서 종교와 맞닿는다.

- ❖ 선을 행한다는 것은 신이 목표로 하는 지점에 도달하는 올바른 길이다.

- ❖ 신은 자신을 따르고 선을 행하는 이에게 어떠한 보상도 약속하지 않는다. 때문에 현대의 많은 사람이 신과 선에 대한 믿음을 잃었다. 하지만 어떤 이들은 고난과 고통 속에서도 흔들리지 않는 강렬한 믿음을 갖고 있다.

죽음 뒤에도 삶이 있을까

과학이 말하는 죽음

'삶'은 아주 정확한 말이다. 죽지 않은 모든 것을 의미하니까. 삶은 생명체와 묶여 있다. 생물학적으로 인간은 포유류에 해당한다. 따라서 포유류와 동일한 생명 법칙의 적용을 받는다.

언젠가 생명이 끝나고 죽음이 찾아온다. 자연은 인간이 죽든 토끼가 죽든 배나무가 죽든 관심이 없다. 죽음은 새로운 생명이 존재하기 위한 필수 조건이다. 죽음을 통해 새로운 생명의 자리가 마련되고, 이 새로운 생명은 죽은 생명을 먹고 산다. 모든 생명은 탄소로 이루어지며, 탄소는 늘 새로운 생물학적 순환 과정으로 유입된다. 우리의 몸을 구성하는 물질은 이미 오래전 수많은 생명체 안에 존재했고, 앞으로도 다른 생명체의 물질적 기초로 활용될 것이다. 따라서 물질의 관점에서 보면 우리는 불멸이다. 흥미로운 점은 우리가 태어날 시점에 우리 몸을 구성했던 원자들 중에서 지금 우리 안에 남아 있는 것은 하나도 없다는 사실이다. 우리의 몸은 지속적으로 구성 소재를 교체한다.

이런 생물학적 지식을 바탕으로 우리는 많은 것을 이야기할 수 있다. 예를 들어 죽음 이후 어떤 형태로든 계속되는 존재에 대해서 이야기할 수 있을 것이다. 생물학적으로 보면 죽음 후의 존재란 있을 수 없다. 죽음 이후 인간으로서의 우리는 존재할 수 없다. 눈 감으면 그것으로 끝이다. 사후에 '삶'이 있다 하더라도 그것은 죽음 전의 삶과는 하등 공통점이 없을 것이다.

죽음과 함께 무언가가 끝난다는 것은 분명하다. 죽음과 더불어 무엇인가가 시작된다는 점은 불분명하다. 종교는 이 불확실성을 확실성으로 바꾸려고 노력한다. 죽음은 끝이 아니라 이행移行, 다른 상태로 옮겨 가는 것이라고 말한다. 육체만 소멸할 뿐 정신이나 영혼은 남는다고 말이다. 대단히 과감한 주장이지만, 누구나 정신의 불멸을 원하는 마음이 있기에 적지 않은 사람들이 쉽사리 그런 주장을 받아들인다.

과학이 생명에 대해 알고 있는 바로는 정신과 영혼은 신체 기관, 즉 두뇌의 산물이다. 뇌가 없다면 정신도 영혼도 없다. 죽어 뇌가 기능을 멈추면 정신도 끝난다. 우리는 우리의 뇌이며, 우리는 두개골 속에 있는 뇌를 구성하는 몇 파운드의 물질이다. 뇌가 존재하지 않으면 우리도 더 이상 존재하지 않으니까.

❖ ─ 과학의 입장에서 보자면 모든 생물은 불멸이다. 생물을 구성하는 물질은 시공을 초월하며 지속적으로 순환되기 때문이다. 하지만 대부분의 사람이 생각하는 죽음은 '자아의 상실'을 의미한다. 이에 대한 해결책을 제시한 것이 바로 종교다.

인간에게 '순수하게 정신적인 것'이 없듯이 '순수하게 물질적인 것'도 그리 많지 않다. 신체의 모든 세포, 특히 뇌의 신경 세포는 우리의 정신성에 톡톡히 한몫한다. 모든 정신 활동은 생물학적인 것을 먹고 산다. 비록 아메바 수준이겠지만 탄생의 순간부터 정신이 존재한다. 그 전에는 굳이 나누자면 여성 난자의 '정신'과 남성 정자의 '정신'으로 분리되어 있었고, 이것들은 오로지 우연의 법칙에 따라 만났다. 우리 안에는 모든 선조들의 생명이 살아 있다. 아담과 하와에게로 거슬러 올라가는 멈추지 않는 생명의 사슬이다.

종교가 말하는 죽음

종교의 영혼관은 과학의 관점과 처음부터 다르다. 군이 이름을 붙이자면 유아적 영혼관이라고 부를 수 있다. 영혼은 신체에 첨가된 독자적인 것이다. 죽어 있던 것에 들어가 생명을 부여하고, 다시 몸을 떠나 새로운 몸을 '주거지'로 찾는다. 정신이 새로운 몸을 찾는 것을 두고 인도의 종교들은 '환생'이라고 말한다.

자연 과학에 경도된 사람이라면 자유롭게 떠도는 영혼관이 아무리 아름답게 들린다 해도 그런 영혼관을 인정하기가 쉽지 않을 것이다. 단지 무로 돌아가는 것을 두려워하는 인간의 희망 사항일 뿐이라고 의심을 품을 것이다. 유대인 종교 철학자 프란츠 로젠츠바이크 Franz Rosenzweig, 1896~1929의 말대로 누구나 "두려워하고 몸을 떨면서 어둠 속으로 들어가는 여행을 기다리는" 법이니까.

인간은 살고 싶어 한다. 죽음을 원하지는 않는다. 죽음을 구원으로 생각할 만큼 헤어 나올 길 없는 절망의 순간에나 죽음을 바랄 뿐이다. 그렇지 않다면 죽음이 어둠 속으로 들어가는 여행이 아니라 빛 속으로 들어가는 여행이기를 바란다. 그리고 종교는 이 '빛'을 각기 나름의 방식으로 약속한다.

죽음의 문제는 모든 종교의 핵심이다. 죽음에 관한 약속이 단순할수록 그 종교는 믿음직해 보인다. 종교는 현세의 삶을 일종의 수면으로, 죽음을 각성으로 본다. 역시나 아름다운 이미지이지만, 이 역시 무에 대한 두려움에서 나온 것일 뿐이다.

우리는 왜 죽음을 두려워하는가?

무에 대한 두려움은 어디에서 비롯되는 걸까? 왜 인간은 무를 두려워할까? 사실 인간은 무를 잘 알고 있고 아주 친숙하다. 우리가 태어나기 전에 무가 있었으니까. 탄생 전의 그 무가 그토록 무시무시할까? 무가 그토록 두렵다면 아예 존재하지 않은 것이 훨씬 편하지 않았을까? 죽으면 우리는 문턱을 넘는다. 그것은 확실하다. 그러고 나면 우리는 집에 돌아간다.

인간은 무를 알지만 무를 두려워한다. 그런데 정말로 두려운 걸까? 아니면 아름다운 인생을 떠나야 하고 사랑하는 것, 값진 것, 특히 자기 자신을 잃어야 하기에 화가 나는 걸까? 인간은 자신에게 집착한다. 죽음은 비열한 훼방꾼이다. 재미있는 게임은 언제나 너무 짧다. 계속 반복하고 싶고 절대로 중단하고 싶지 않다. 죽음에 화가 나는 건 그 때문이다. 작가 블라디미르 나보코프Vladimir Nabokov, 1899~1977는 인생의 보잘것없음을 인상적인 이미지로 그려 냈다. '요람이 낭떠러지 위에서 흔들리고, 상식은 우리의 삶이 어둠의 영원을 가르는 잠깐의 빛의 틈일 뿐이라고 말한다.'

인간이 이 영원한 어둠에 저항하기에 종교는 내세의 이미지를 제공한다. 하지만 냉철하게 뜯어보면 사실 내세는 그다지 매력적인 곳이 아니다. 종교가 있는 사람들도 서둘러 내세로 가고 싶어 하지는 않는다. 신앙심이 깊을수록 삶에 집착한다. 모두가 자신으로 머물고 싶어 하며, 모두가 자신의 개성을 잃을까 봐 노심초사한다. 나이가 들어 짐이 되는 신세는 쉽게 포기할 수 있지만 자아만큼은 포기할 수 없다. 그런데 종교는 죽은 뒤에도 자아가 유지된다고 약속한다. 정말 멋진 약속이지 않은가!

하지만 마음속에서 이성의 목소리가 속삭인다. 자아와 몸은 별개의 것이 아니라고, 특히 '자아 기관'인 뇌와 분리할 수 없는 것이라고. 알츠하이머병에 걸린 환자처럼 뇌가 제 기능을 잃으면 서서히 자아가 무너지고 결국 그저 목숨만 부지하는 상태로 전락한다. 내세에서 온전히 자아를 유지하려면 온전한 뇌를 가지고 가야 하지 않을까? 자아를 구현하려면 제대로 된 형태, 다시 말해 제대로 된 몸이 필요하다. 때문에 죽고 나면 정신이나 영혼이라 불렸던 것도 사라질 확률이 크다. 사라져서 우리가 왔던 영원한 우주의 질서 속으로 되돌아갈 확률이.

살 때는 살고, 죽을 때는 죽으라

그럼에도 생채기처럼 작은 '어쩌면'이라는 기대가 남는다. 어쩌면 죽음 이후에 우리가 예상치 못한 것이 있을지도 모른다. 하지만 기다리는 수밖에 다른 도리가 없다. 언젠가 우리도 알게 될 것이다. 몸이 없어도 순수 정신으로 보고 느끼고 듣고 맛보고 냄새 맡게 될는지. 예수는 이미 이런 말로 불안에 떠는 인간의 나약한 고민을 나무라지 않았던가. "자기 목숨을 얻으려는 사람은 잃을 것이며 나를

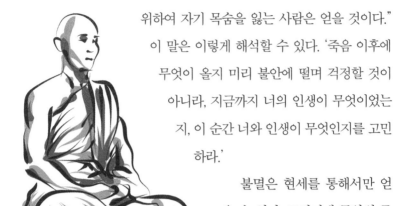

위하여 자기 목숨을 잃는 사람은 얻을 것이다.”
이 말은 이렇게 해석할 수 있다. ‘죽음 이후에
무엇이 올지 미리 불안에 떨며 걱정할 것이
아니라, 지금까지 너의 인생이 무엇이었는
지, 이 순간 너와 인생이 무엇인지를 고민
하라.’

불멸은 현세를 통해서만 얻
을 수 있다. 그러기에 동양의 종
교들은 우주를 관조하며, 살아
있는 동안에 우주와 하나가 될
수 있는 가능성을 제공한다. 하
지만 이것도 연습이 필요하다.
현세에서부터 늘 영원과 하나가

❖ ── 동양의 종교, 특히 불교는 ‘나’라는 존재를 향한
집착을 끊기 위해 끊임없이 수련하고 공부하라고 가
르친다.

될 수 있다면 죽은 후 어떻게 될 것인지 묻지 않을 것이고, 설사 묻
는다 해도 질문의 내용이 다를 것이다. 신교 신학자이자 철학자인
슐라이어마허는 이렇게 말한다. “불멸의 과제를 풀기 전에는 불멸
의 소망을 품어서는 안 된다. 유한함 가운데에서 무한함과 하나가
되고 찰나에서 영원이 되는 것, 그것이 종교의 불멸성이다.”

우주를 관조하면 살아서도 깨달음을 얻을 수 있다. 그렇게만 된
다면 죽음은 결코 우리가 알지 못하는 것을 가져다주는 낯선 것이
아닐 것이다. 근본적으로 죽음은 우리에게 관심이 없다. 그리스 철
학자 에피쿠로스Epicouros, BC 341~BC 270는 이렇게 말했다. “내가 존재

하면 죽음은 존재하지 않는다. 죽음이 존재하면 내가 존재하지 않는
다." 이런 깨달음만이 죽음을 두려워하는 우리의 영혼에 안식을 줄
수 있을 것이다.

❖ 자연 과학의 관점에서 죽음은 '끝'이다. 영혼과 정신은 뇌의 활동에 지나지 않는다.
  만약 과학에서 불멸을 이야기한다면, 그것은 원자와 분자 같은 물질의 끊임없는
  재활용을 뜻하는 것이다.

❖ 죽음에 대해 공포를 느끼는 가장 근본적인 이유는 영원히 '나'라는 자아를 상실해
  버린다는 두려움 때문이다.

❖ 내세가 보장되어 있고 죽음 이후에도 자아가 유지된다는 종교의 약속은 대단히 매
  력적이다. 종교의 관점에서 현세는 수면의 시간이고 죽음은 각성의 순간이 된다.

❖ 삶과 우주를 총체적으로 바라보고 순간에 충실할 수 있다면 죽음이 반드시 공포인
  것만은 아닐 것이다.

우리의 기도가 정말
신에게 가 닿을까

제물 의식과 기도의 차이

아우슈비츠에서 살아남은 한 남자가 이런 이야기를 들려주었다.

당시 수용소에서 아직 목숨을 부지하고 있던 몇 사람이 모여 신을 탄핵했다. 그들은 이처럼 잔혹한 현실을 두고 보고만 있는 신을 믿지 말자고, 신은 없다고 선언했다. 모임이 끝나고 랍비가 한숨을 내쉬며 말했다. "자, 이제 그만 기도하러 갑시다."

모든 종교에는 기도가 있다. 기도는 신에게 올리는 청원으로, 정신적인 제물 의식과 같다. 시간과 관심을 신에게 '제물로 바치는' 것이다. 실제로 종교사적으로 볼 때도 기도는 신의 마음을 달래기 위해 바쳤던 피의 제물을 대신했다.

하지만 제물과 기도는 결정적인 차이가 있다. 옛날에는 사람들이 신에게 예속되어 있다고 생각했다. 운명과 우연에 끌려 다니며 휘둘

54

린다고 여긴 것이다. 제물을 바치는 의식은 이런 운명의 희생물인 인간이 느끼는 두려움의 표현이었다. 신이 자신을 버리지 않을 것이며 고난을 안겨 주지 않을 것이라는 보장이 필요했던 것이다.

반대로 기도를 할 때는 신과 인간의 관계가 달라진다. 기도를 하는 사람은 신이 자신을 창조했다는 사실을 잘 알고 있다. 신의 손으로 창조되었기에 헤어날 길 없는 고난에 빠져 있어도 신이 자신을 감싸고 지켜 줄 것이라는 원초적인 안도감을 느낀다. 바로 여기에 기도의 핵심이 있다. 아무리 깊은 구렁텅이에 빠진다 해도 결국은 신의 손 안에 있는 것이다.

이렇듯 기도의 근본은 (제물과 달리) 두려움이 아니라 확신이다. 물론 이런 확신도 가끔은 의혹의 변덕에 휩쓸릴 수 있다. 하지만 기도는 제물과 다르다. 기도를 하면 인간 내면의 감동이 순수한 정신적 차원에서 신과 결합한다. 신에게로 귀의하겠다는 뜻을 밝히기 위해 굳이 물질적인 선물을 할 필요는 없는 것이다.

그뿐이 아니다. 기도를 하면 무릎을 꿇고 몸을 낮추어 겸양의 자세를 취하지만 그것은 신과 눈높이를 맞추는 행위이기도 하다. 그래서 신에게 분노를 터뜨릴 수도 있고, 절망의 상태에서 신을 저주할 수도 있으며, 심지어 신을 마음속에서 쫓아 낼 수도 있다. 물론 그런 다음에는 다시 신에게 기도를 올리겠지만 말이다.

확신과 의혹 사이의 종교적 긴장

기도는 평소 침묵으로 일관하는 신과의 대화다. 물론 기독교의 경우 약간 다르게 해석한다. 인간이 기도를 하기 전에 신이 예수 그리스도 안에서 인간에게 먼저 말을 걸었다고 보는 것이다. 우리는 기도를 통해 신이 건넨 말씀에 대답할 뿐이다. 따라서 아무리 자유롭게 각자의 개성에 따라 기도를 한다 해도 기도는 항상 복음서를 통해 예수가 우리 인간에게 말씀하신 것과 관련이 있다. 미리 만들어진 기도문이 사용되는 이유도 그 때문이다. 기독교의 '주님의 기도(주기도문)'는 예수가 직접 작성한 기도문으로, 신과의 대화법을 알려 주는 일종의 지침서다.

혼자서 하는 기도와 집단으로 모여서 하는 기도에는 차이가 있다. 혼자서 기도를 할 때는 신과 마주한 우리의 고독이 의식되지만, 모여서 함께 기도를 하면 소속감이 느껴진다. 교회건 회교성원(모스크)이건 시너고그(유대교 사원)건 기도하는 공동체는 옆에서 그냥 지켜보는 사람도 느낄 수 있을 정도로 큰 힘을 발산한다. 이 힘이 공간을 가득 메우고 물리적으로 밀려와 부딪힌다. 그러려면 먼저 개개인이 확신을 가지고 기도해야 한다.

물론 함께하는 기도도 그 본질을 따져 보면 신과 나누는 나 홀로 대화다. 아무 생각 없이 따라 읊는 기도가 아니라 진심에서 우러나온 기도라면 말이다. 진정한 기도를 올리는 사람은 아무리 시끄러운 세상 한가운데 있어도 홀로 신과 마주하고 있는 것과 진배없다.

개인적인 기도에서는 동경도 느껴진다. 종교인이라면 자신이 창조된 피조물이라는—우주 전체가 창조된 것이기에—사실을 잘 알고 있지만, 또 한편 창조자가 모든 피조물로부터 끝없이 멀리 있다는 느낌을 받는다. 멀리 있는 신에게 다가가고픈 바로 이러한 동경이 진실한 기도의 기본적인 정서를 형성한다. 기도를 할 때는 신과 내가 멀리 떨어져 있다는 느낌과 가까이 있다는 느낌이 충돌한다. 기도는 이러한 긴장에서 비롯된다. 기도를 하는 사람은 저 높은 곳에 멀리 있는 신을 향하지만 마음속으로는 내 마음에 거하는 가까운 신을 바란다.

예수도 큰 고난에 처했을 때 신이신 아버지에게 기도를 올리며 절망에 찬 물음을 던졌다. "나의 하느님, 나의 하느님, 어찌하여 나를 버리셨나이까?" 어쩌면 이 '어찌하여'는 완벽한 기도문일지 모른다. 무슨 말을 하건, 그것이 부탁이건 물음이건 영혼의 짐을 덜어 버리고 싶은 바람이건 어려움이나 위험에서 구해 달라는 요구이건 기도에는 늘 가까이 있음과 멀리 있음, 확신과 의혹 사이의 잠재된 긴장이 깔려 있다. 불가해한 비밀인 신의 본성상 어쩔 수 없는 것이다. 이런 긴장 관계에서 어쩔 수 없이 자신을 자각하고, 맨 밑바닥에서 자신을 긍정하게 된다. 기도를 하면 혼자가 아니다. 더 높은, 불가해한 힘과 하나가 되는 동시에 자기 내면의 목소리와 접촉한다. 기도를 하는 사람은 자신의 바람이 이루어지지 않을 수도 있다는 사실을 너무나 잘 알고 있다. 그리고 이루어지지 않는 것 또한 신의 뜻으로 받아들일 것이다. 그것을 두고 신에 대한 순종이라고 한다.

침묵할 때 들려오는 신의 음성

신앙은 신과의 보험 계약이 아니다. 신앙은 행복하든 고통스럽든 신이 주신 모든 것을 받아들이고 신을 사랑한다는 의미다.

고통도, 심지어 죽음에도 다 숨은 뜻이 있다. 인생이 아무리 무의미해도, 또 아무리 고통스럽다 해도 신을 저버리지 말아야 한다는 계명을 지키는 방법 역시 기도를 통해서 이루어진다. 기도는 복종을 실천하는 것이다. 복종은 유대교는 물론 이슬람교에서 더욱 큰 의미를 갖는다. '이슬람'이라는 말 자체가 '복종'이라는 의미다. 기도는 순종의 한 표현이다. 전지전능한 신에게 무릎을 꿇고 엎드려 기도를 올리며 복종하는 것이다.

❖ ― 기도는 신을 향한 순종의 표현이자 신과 나누는 대화이며 신의 음성을 듣는 행위다. 기도를 할 때는 멀리 있는 신을 내 안에 모시고자 하는 바람, 그리고 희망하는 것을 이루고 싶어 하는 마음과 그것이 이루어지지 않더라도 신의 뜻에 따르겠다는 다짐이 교차한다.

하지만 청원과 탄원의 성격을 갖는다 해도 기도가 신에게 무엇인가를 얻어 내는, 강요하는 수단은 아니다. 기도가 목적을 이루기 위한 수단으로 악용될 경우, 아무것도 바라지 않고 겸허한 자세로 심오한 의미를 체험하는 기도의 본래 의미가 간과되어 버린다. 이처럼 겸허한 자세가 없다면 기도라고 할 수가 없다. 기도는 그 자체가 목적이다.

58

기도는 목적이 없는 순수한 의미다. 이런 점에서 게임과 유사하다.

하지만 기도에는 인간 스스로의 힘으로는 어찌해 볼 수 없는 어려움이 있다. 기도는 대화이건만 파트너의 대답을 기대할 수 없기 때문이다. 그런데 그 대답이 종교의 성서(경전)에 담겨 있기에 대답을 구하고자 한다면 어쩔 수 없이 성서를 읽어야 한다. 기도와 성서 읽기는 서로 의존한다. 하지만 설령 성서가 아무런 대답을 주지 않는다 해도 기도하는 사람은 신이 더 높은 차원의 감각을 통해 자신의 기도를 들어줄 것이라 기대한다.

기도는 게임과 유사하다고 말했다. 기도는 예술과도 비슷하다. 주님의 기도나 「시편」 같은 기존의 텍스트를 줄줄 읽기만 하는 건 기도가 아니다. 정신을 모으지 않은 기도는 시간 낭비일 뿐이다. 가톨릭에는 서로 노래를 주고받는 기도 형식(연도)이 있는데 자칫하다가는 아무 생각 없이 그저 외우고 따라하다가 시간을 허비할 수 있다. 하지만 가톨릭의 연도도 긴장의 끈을 놓치지 않는다면 대화와 명상의 한 형식이 될 수 있다.

정해진 기도를 외건 마음속으로 기도를 하건 그것이 중요한 것은 아니다. 어쨌든 올바른 기도는 온 영혼을 모두 바치는 고도의 정신 집중을 필요로 한다. 때문에 어쩌면 묵언 기도가 가장 강렬한—더불어 가장 힘든—기도일지도 모른다. 그러자면 먼저 끝없이 머릿속을 맴도는 망상의 사슬을 끊어야 한다. 이를 위해서는 부단한 훈련이 필요하다. 특히 종교적 체험을 사고 과정으로 이해하는 서구인들에게는 아주 힘든 일이다. 서구인들은 신에 대해서 생각한다. 하지만 동양의 종교인들은 만물 속에 살며 그것과 융해되고자 한다. 서구 종교의 모토가 '나는 신을 생각한다. 고로 나는 믿는다'라면, 동양 종교의 모토는 '나는 신 안에 산다. 고로 나는 믿는다'이다.

내 경험상 내게 진정한 기도를 가르쳐 준 건 종교 수업 시간이나 견진성사 준비가 아니었다. 기도는 가르칠 수 있는 것이 아니다. 그래서 나는 묵언이 진정한 기도 방법 중 하나라고 생각한다. 침묵은 기도를 위해 자신을 여는 행위다. 사실 기독교의 예배 시간은 말이 너무 많다. 처음부터 끝까지 말하고 노래한다. 그러니 예배를 시작하기 전 몇 분만이라도 침묵의 시간을 가지는 것이 옳을 것 같다.

삼매三昧, 불교에서 쓰는 말로 잡념을 떨치고 어떤 대상에 집중하는 것는 정적에서 탄생하고 기도는 최고의 정신 집중이 발휘된 상태다. 혼자 있을 때 정신 집중이 가장 잘되는 법이다. 그러니 시간 날 때마다 복잡한 세상에서 한 걸음 물러나 정적에 빠져 보라고 권하고 싶다. 침묵과 정적을 통해 삼매에 빠져든 상태에서 신의 정적을 경험할 수 있다. 동양의 종교에서 중시하는 명상과 기도가 맞닿는 지점이 바로 이곳이다. 스스로를 신이 거하는 존재로 느끼며 밑바닥까지 푹 잠겨 본다. "너희가 침묵해도 신은 너희의 말을 들으신다." 시인 외된 폰 호르바트Ödön von Horváth, 1901~1938의 말이다. 나는 감히 이렇게 말한다. "너희가 침묵할 때 신은 너희의 말을 가장 잘 들으신다!" 명상을 잘하기 위해서는 꾸준한 연습이 필요하다.

기도와 명상의 차이에서 서양 종교와 동양 종교의 차이가 아주 극명하게 드러난다. 서양 종교에는 우리가 말을 거는 인간적인 신이 있지만, 동양 종교에는 우리를 포함하여 만물을 포괄하는 비인격적인 우주의 힘이 있다. 서양 종교는 초현세적 아버지인 신과 대화를 하지만, 동양 종교에서는 침묵하며 신의 힘과 하나가 된다. 두 길은 모두 올바른 길이며, 가장 잘 융합될 수 있는 두 갈래의 길이다.

뇌과학이 말하는 기도와 명상

갑자기 이런 의문이 든다. 현대 과학, 특히 뇌과학은 기도와 명상의 효과에 대해서 어떻게 이야기할까? 기도하고 명상하는 사람은 어떻게 해서 신과 접촉하고 신과 하나가 되었다는 느낌을 받게 되는 걸까?

뇌과학에서는 정신적 성찰이 뇌의 특정한 부위를 자극하여 자아와 외부 세계의 구분이 없어진 상태라고 설명한다. 명상이나 기도를 통해 정신 훈련을 한 이들은 장기적으로 뇌에 근본적인 변화가 일어난다. 불교 승려들은 왼쪽 측두엽의 활동이 명상을 하지 않는 사람보다 훨씬 왕성하다. 덕분에 아주 긍정적이고 낙관적인 시선으로 세상을 바라본다. 왼쪽 측두엽이 자극될 경우 마음이 평정해지고 느긋해지며 쾌활한 심리 상태가 유지된다.

흥미롭게도 뇌는 보통 사람들의 생각과 달리 명상 중에도 절대 '차단'되지 않는다. 오히려 그 반대다. 정신 집중이 최고조에 달하기 때문에 가장 명징하게 깨어 있는 상태가 된다. 두뇌 연구가들은 이를 두고 뇌의 감마 운동이라고 부른다. 30헤르츠를 넘어서는 주파수가 사고 기관 전체를 훑고 지나가는 것이다. 뇌의 주파수는 특정한 정신 상태를 나타낸다. 깊은 잠에 빠져 있을 때는 낮은 주파수의 델타파가 나오고, 깨어 있는 상태에서는 약 10헤르츠의 알파파가 나온다고 하며, 뇌가 최고 능률을 발휘하고 있을 때는 감마파가 발생한다고 한다.

감마파는 두뇌 전체로 동시에 퍼지기 때문에 명상을 하면 자아와 자신을 둘러싼 우주의 차이를 느끼지 못한다. 이처럼 외부 세계와 정신이 합일되고 명상을 하면서 정신 집중이 된 상태에서 영적 체험을 하게 된다. 그리고 몇 년에 걸쳐 훈련을 하고 영적인 체험을 할 경우 뇌에 흔적이 남아서 사람의 인성 자체가 바뀌게 된다. 종교적이든 아니든 이러한 정신 훈련은 사람을 긍정적인 방향으로 변화시킨다.

내일의 내가 오늘의 나와 같을 필요가 있는가? 명상과 정신 집중을 통해 장기적으로 다른(더 나은) 사람이 될 수 있다. 이는 신이나 우주를 자신에게로 초대하는 것과 같다. 그리고 신이나 우주를 내 안으로 데리고 들어올 문은 바로 내 머릿속의 왼쪽 측두엽에 있다. 그래서 뇌과학자들은 왼쪽 측두엽을 가리켜 '신의 모듈'이라고 부른다. 아주 냉철하게 이야기하자면 신앙심이란 이 부분의 뇌를 활성화시키고 개척하는 능력이다.

기도보다 중요한 것

명상이나 기도가 인성을 긍정적인 방향으로 바꾸어 준다는 말을 들으면 이런 의문이 들 것이다. '그렇다면 믿음이나 신앙심이 우리의 삶에 이로운 것 아닌가?' 지칠 줄 모르는 과학자들이 이런 의문을 그냥 넘겼을 리 없다.

실제로 연구를 해 보니 문화권에 상관없이 신앙심은 힘들고 어려운 상황을 견디는 힘과 용기를 준다. 종교가 확신을 심어 주기에 종교를 가진 사람은 문제를 더 잘 극복할 수 있는 것이다. 물론 기도하고 명상한다고 해서 저절로 몸과 마음이 건강해진다는 뜻은 아니다. 하지만 명상과 기도는 인간의 일반적인 행복에 기여할 수 있다. 종교가 있는 사람이 그렇지 않은 사람에 비해 삶의 만족도가 높고 마음이 평온하며 더 신중한 것으로 나타난다. 당연히 같은 문제에 맞닥뜨렸을 때 덜 괴로워하고 이미 일어난 일을 인정하고 받아들이는 경향이 높다. 인생을 수동적으로 산다는 뜻은 아니다.

하지만 종교가 치료제처럼 쓰일 수 있다고 생각해서는 안 된다. 이러한 생각은 종교의 본질과 완전히 어긋난 것이다. 종교는 도구로 쓰여서도 안 되고, 어떤 문제에 처방을 내리지도 않는다.

이렇듯 기도의 좋은 점이 헤아릴 수 없이 많지만 한 가지 절대 잊어서는 안 되는 것이 있다. 기도가 아무리 좋다 하더라도 그 자체만으로는 신앙으로서의 가치가 없다는 사실이다. 기도가 종교의 중요한 기둥인 것은 맞지만, 종교의 기둥이 기도 하나만 있는 것은 아니다. 다른 것들이 보태져야 종교가 성립된다. 기도가 신앙심을 확인할 수 있는 좋은 잣대이기는 하지만 기도가 종교인 것은 아니다. 기도는 일시적이지만 종교는 영속적이다.

　기도가 선행보다 쉽다. 올바른 행동이 따르지 않는 기도는 아무런 가치가 없다. 올바른 행동만이 언제라도 인간을 신 앞에 세운다. 독일 작가 에리히 케스트너Erich Kästner, 1899~1974는 이렇게 말했다. "행하지 않는 선은 없다." 종교의 정곡을 찌른 멋진 말이다.

❖ 기도는 피의 제물을 대신하여 나의 시간과 관심을 신에게 바치는 것이다. 기도할 때 우리는 신과 눈높이를 맞추게 된다.

❖ 기도를 할 때는 아득히 멀리 있는 신과 내 마음속에 거하는 신, 신을 향한 확신과 의혹 사이에 긴장 관계가 형성된다.

❖ 기도는 어떤 목적을 이루기 위한 수단이 아니라, 그 자체로 목적이다. 우리가 침묵할 때 비로소 신의 음성이 들려온다.

❖ 기도 그 자체가 신앙은 아니다. 선행을 베푸는 것이 기도보다 어렵다. 옳은 행동이 따르지 않는 기도는 아무런 가치가 없다.

왜 모든 종교는
엄숙할까

신의 사랑은 무조건적인 사랑이 아니다

　어린 시절 나는 가톨릭 전통이 강한 바이에른 지방에서 자랐다. 당시 내가 경험한 성당의 미사 분위기를 한마디로 요약하라고 한다면 이렇게 말할 것이다. "따분했어!" 미사가 너무 따분해서 나는 지금 이 성당 안에는 신이 안 계실지도 모른다고 의심했다. 신이 오셨다면 이렇게 따분할 수는 없을 텐데⋯⋯. 신이란 인간이 생각해 낼 수 있는 가장 흥미진진한 존재 아니던가! 이처럼 단순한 생각은 세월이 지나면서 나를 멋진 깨달음으로 인도했다. 인간이 무언가에 완전히 푹 빠졌을 때, 말 그대로 넋이 나갔을 때 신을 느낄 수 있을 거라는 깨달음이었다. 그 '무언가'는 무엇이든 될 수 있다. 예술 작품일 수도 있다. 위대한 예술이란 무한함을 붙들고자 하는 것이니까. 러시아 영화감독 안드레이 타르코프스키Andrey Tarkovskiy, 1932~1986는 이렇게 말했다. "예술의 의미는 인간 속의 신을 찾는 것이다." 예술은 열광하게 만들고 기쁨을 준다. 신도 열광시켜야 한다. 열광이 없는 곳에는 신이 없다.

하지만 어린 시절의 성당 미사에는 그런 기쁨과 즐거움이 없었다. 때문에 나는 미사의 의미를 의심했고, 결국 견진성사를 받은 뒤 두 번 다시 미사에 가지 않았다. 더 정확하게 말하자면 따분했기 때문만은 아니었다. 더불어 죄의식이 있었다. 성당을 가득 채운 성화와 성상의 쉼 없는 순교 찬양. 머리 위 천장에는 거대한 십자고상이 위협하듯 걸려 있었다. 그 십자고상이 떨어져 나를 덮칠까 봐 항상 겁이 났다.

한번 상상해 보자, 웃음꽃이 만발하고 즐겁고 여유 있으며 자유분방한 미사를. 파티 같은 미사를. 말도 안 된다. 생각만으로도 신성을 모독하는 것 같다. 미사는 심각하고 장엄하며 정해진 순서를 따라야 할 것만 같다.

하지만 이런 의심을 지울 수는 없다. 왜 반드시 격식을 갖춘 의식으로 신을 섬겨야 할까? 왜 의식 대신 파티는 안 되는 걸까? 원인은 신에게 있는 것 같다. 기독교의 신이 장엄한 의식을 원하기 때문이다. 신은 지난 수천 년 동안 이런 의식을 원해 왔다. 장엄한 의식이 신의 본성에 맞기 때문이다. 신은 파티를 원하지 않는다. 싫어한다. 파티는 '이교도적인' 분위기를 풍긴다. 그리스 신들은 파티를 즐겼다.

이제 성경이 말하는 신을 좀 더 정확하게 관찰해 보아야 한다. 신

❖ ─ 소돔과 고모라를 탈출하는 롯의 가족. 하느님이 타락한 도시에 심판을 내리자 롯의 가족들은 탈출한다. 롯의 아내는 뒤돌아보지 말라는 명령을 어겨 소금 기둥으로 변해 버렸다. 이처럼 『구약』의 신은 타락한 인간에게 잔인한 형벌을 내리고는 했다.

의 가장 대표적인 특징은 무엇인가? 일단 엄하다. 아버지처럼 엄하다. 사람들은 이 엄한 아버지에게서 무엇을 기대할까? 가끔은 엄하더라도 다른 때는 즐겁고 자유분방하게 아버지와 함께 보낼 수 있기를 희망한다. 엄격함을 사랑의 표현이라고 생각하는 아버지는 최악이다. 엄한 사랑을 받고 싶은 사람이 어디 있겠는가? 하지만 신은 엄한 사랑을 원한다. 그것만이 아니다. 신은 화내고 위협하고 요구하고 질투하고 복수하고 처벌하면서 사랑한다. 생각해 낼 수 있는 모든 인간의 약점을 파고들어 사랑한다. 분명 신의 사랑은 보호하고 도와주고 용서하며 자상하기도 하다. 하지만 지배하기도 한다. 인간은 신을 사랑하기보다 무서워한다. 그리고 신은 애초부터 오는 것이 있을 때만 사랑을 주었다. 자신을 믿고 사랑하는 사람만 사랑한다. 신의 사랑은 무조건적인 사랑이 아니다.

왜 기독교의 신은 엄숙한 신이 되었는가?

종교마다 섬기는 신이 있다. 즐거운 종교는 즐거운 신을 섬기고, 한 번도 웃지 않는 신을 섬기면 신자도 웃을 일이 없다. 그리스 신들은 웃음이 많았다. 그들에게는 환희가 넘쳤다. 그런데 왜 기독교의 신은 유머 감각이라고는 없이 진지하고 엄하기만 할까? 종교사적으로 살펴보았을 때 신의 유일성, 상이함, 불가해성을 원인으로 지목할 수 있다. 이성으로 파악할 수 없는 존재는 웃음의 대상이 될 수 없다.

❖ — 스페인 화가 엔리케 시모네가 그린 「황금 사과와 파리스」. 그리스 신들은 인간과 유사하게 탐욕이 많았고 주색을 즐겼다. 어쩌면 유대교를 비롯한 기독교와 이슬람의 유일신이 엄숙함을 갖춘 것은 앞선 시대의 그리스 신들과는 차별화되기를 원했던 인간의 바람이 투영된 것인지도 모른다.

파악할 수 없기에 진지하고 때로는 무섭다.

유일신은 앞선 다른 신들과는 다르고 싶었다. 앞선 신들 옆에 같이 앉고 싶지 않았다. 유일한, 혼자인, 따라서 고독한 신은 웃을 일이 없다. 웃기 위해서는 공동체에 속해야 한다. 어울려야 한다. 그리하여 성경의 신은 고대의 신들, 특히 그리스 신들과는 정반대의 모습을 갖게 되었다.

그리스 신들은 아주 '인간적인' 신들이다. 그리스 신화는 인간과 어우러진 제식에서 들려오는 신들의 웃음소리를 기록했다. 최고의 축일에 인간들은 신들을 축제에 초대했고, 신들은 초대에 응해 몸소 납시었다. 때문에 고대 그리스의 제물에는 충만함과 참여라는 관념이 담겨 있었다. 인간은 제물을 바쳐 신의 은총을 바랐을 뿐 아니라 신들과 어울려 흐드러진 파티를 벌였고, 그러면서 잠깐이나마 스스로를 신격화했다. 도취 속에서 인간은 작은 신이 된다. 분명 고대 신들에게도 심술궂고 거만하며 인간이 잘못되기를 원하는, 인간을 파괴하고픈 마음이 숨어 있었을 것이다. 신들은 인간의 온갖 불행을 보면서, 특히 자진해서 불행 속으로 뛰어드는 인간의 특별한 능력을 보면서, 자신의 영락을 즐기는 모습을 보면서, 운명을 향한 맹목적인 몸부림을 보면서 특히 더 즐거워하는 법이니까 말이다.

성경의 신은 다르다. 기독교 성경의 신은 제식을 공동의 연회로 생각하지 않는다. 오로지 자신만을 위한 제물을 요구한다. 제물은 반드시 동물이어야—이 점에서 이교적 분위기가 느껴진다—한다. 식물은 신의 권위를 깎아내리는 제물이다. 심지어 인간 제물도 마다하지 않는다. 아브라함과 그의 아들 이삭의 이야기가 바로 그런 경우다. 신은 아브라함에게 자신을 향한 사랑과 충성의 증거로 아들을 죽이라고 명한다. 그것도 산 채로 제단에서 태우라고 말이다.

제식의 형태도 한 치의 오차 없이 정해 두었다. 제물을 올리는 제단이 어떤 모양인지, 위치는 어디인지, 어떤 동물을 제물로 올려야 하는지, 매일 몇 마리를 바쳐야 하는지, 사제는 어떤 옷을 입어야 하는지, 제기는 어떤 형태인지, 얼마만큼의(그램 단위까지 정확하게) 금을 들여 만들어야 하는지까지 정해 주었다.

일신론 종교, 즉 유일신 종교는 처음부터 자유를 허용하지 않았던 것 같다. 이 같은 종교적 규제의 광기는 오늘날까지도 유지되고 있고, 바로 이로 인해 현대인들은 따분함을 느낀다. 유대교와 기독교 세계의 엄숙함이 왜 성경의 신에게 책임이 있는지 그 이유를 입증하는 사례는 수없이 많다. 그리고 이러한 엄숙함은 종교 전쟁이라는 무시무시한 결과를 낳았다.

이 문제에 대해 신의 아들 예수 그리스도는 어떻게 대처했던가? 일단은 아버지와 크게 다를 바 없었다고 말할 수 있다. 예수는 복음을 전했지만, 복음도 종교를 유쾌하게 만들지는 못했다. 『구약』의 신―아버지―이 가진 엄숙함은 아들에게도 이어졌다. 기독교의 신관에서 아버지와 아들을 동일하게 본다는 사실을 생각한다면 그리 놀랄 일도 아니다. 복음서 저자들이 그린 예수의 이미지는 한편으로는 뛰어난 정신력과 명철한 사고를 갖춘 남자이지만, 또 한편으로는 과격하고 화 잘 내며 편파적이고 가혹한 사람이기도 하다. 예수에게는 부처와 같은 여유가 없다. 예수의 편파적인 태도는 부자에 대한 편견에서 확인할 수 있다. 부자는 나쁜 사람이고, 가난하고 무거운 짐을 진 자들은 모두 선하다. 이러한 성향 때문에 예수는 무조건적인 호감을 얻지 못하며, 선입견이 없었던 부처와 극단적으로 대립된다. 대신 부처는 여성에 대한 편견이 심했고, 그 영향은 지금까지도 불교에 반영되고 있다. 반대로 예수에게서는 여성에 대한 편견이 느껴지지 않는다.

❖ ─ 독일 화가 하인리히 호프만의 「예수와 젊은 부자」. 하루는 한 부유한 청년이 찾아와 예수에게 구원에 대해서 묻는다. 예수는 가진 것 전부를 가난한 이들에게 나누어 주라고 충고한다. 그러자 청년은 울면서 떠난다. 이때 "부자가 천국에 가기란 낙타가 바늘구멍을 통과하는 것보다 어렵다."는 말이 나왔다.

원죄에 관한 시나리오

솔직해져 보자. 때로는 젊은이들과 어울려 웃고 있는 예수를, 쾌활하고 유머러스하며 자신의 메시지에 어울리는 말투를 쓰는 예수를 바라지 않는가? 예수가 전달하는 메시지는 사랑이다. 사랑은 유머의 자매이지 않은가? 원래 예수는 유머와 위트가 넘치는 사람(이자 신)이었는데, 복음서 저자들이 그를 진지하게 그렸는지도 모른다.

『신약』의 저자들은 예수의 많은 부분을 숨겼다. 예를 들어 그 자신을 따르던 수많은 여자들과 가깝게 지냈다는 사실, 예수가 남자 형제만이 아니라 여자 형제도 많은 대가족의 일원이었다는 사실을 숨겼다. 복음서 저자들이 그린 예수는 금욕적인 외톨이다. 예수가 결혼을 했을 가능성도 높다.『신약』에 기록된 유일한 결혼식인 가나의 결혼식에서 예수가 상당히 불친절한 태도를 보인 점은 특기할 만하다. 예수는 거기에서도 진지하고 사람들과 어울리지 못하는 모습을 보인다. 포도주가 떨어졌다고 말했을 뿐인 어머니에게 얼마나 무례하게 답했던가. 예수의 어머니 마리아는 혼인 잔치에 포도주가 떨어지자 이 사실을 예수에게 알린다. 그러자 예수는 어머니를 보고 자신에게 무엇을 바라느냐고, 아직 자신의 때가 오지 않았다고 대꾸한다. 여기서 말하는 '때'란 죽음의 시간을 의미할 것이다.

어쩌면 복음이 즐겁지 않은 원인이 여기에 있는지도 모른다. 복음은 그것을 전파하는 자의 참혹한 죽음을 통해서 그 효과가 극대화된다. 기독교의 해석에 따르면 예수는 전 인류를 구원하기 위해 이 땅에 왔다. 하지만 그의 희생과 죽음으로 인해 구원을 받는 이는 어려운 처지에 처하고 만다. 신의 아들이 죽은 것에 죄책감을 느끼지 않을 수 없는 것이다. 그 결과 희생이 기독교의 해묵은 중심 역할을 맡는다. 다만 예수의 경우 입장이 바뀌었다. 인간이 신을 위해 희생하는 것이 아니라, 신이 (인간으로서) 인간을 위해 희생하는 것이다.

하지만 인간이 신의 자기희생을 아무런 의심 없이 받아들일 수 있을까? 과연 예수 그리스도는 자신을 희생하면서까지 인간을 구원하고 싶었을까? 그것도 다름 아닌 원죄로부터 말이다. 기독교는 모든 인간은 태어나면서부터 무거운 죄를 짊어진다고 주장한다. 아담과 하와로부터 물려받은 이 죄 때문에 인간은 자동적으로 영겁의 벌을 받는다. 우리는 순진무구한 아기로 세상에 태어나는 게 아니라, 아무런 잘못도 없으면서 신에게 벌을 받은 죄인으로 이 세상에 온 것이다. 이건 너무 가혹하다. 이 말은 곧 인간은 근본적으로 나쁘다는 뜻이 된다.

이 같은 기본 전제에서 어떻게 신의 이름으로 즐거운 종교가 탄생하겠는가? 태초의 인간 아담과 하와가 금지된 나무에서 열매를 따먹는 죄를 저질렀기 때문에 우리는 죄인이다. 선과 악을 알게 하는 나무의 열매가 비열한 덫은 아니었는지 성경의 신을 비난하고 싶어진다. 그러한 금기가 결국 금기를 깨뜨리는 길로 인간을 유혹하리라는 사실을 신은 알고 있었을 것이다. 인간을 나약한 존재로 창조한 당사자는 신이었다. 금기를 만든 목적은 단 하나다. 인간이 그 금기를 깨뜨리게 하기 위함이었다. 신은 인간이 죄인이 될 수밖에 없도록 에덴동산을 조성했다.

원죄 문제는 납득하기 힘든 기독교의 사상이다. 이런 것을 두고 연대 책임이라고 부른다. 인간이기 때문에 누구나 죄인이다. 이런 토대 위에서는 즐거운 종교가 설 수 없다. 때문에 때때로 신자들에게도 복음이 복음으로 다가오지 않는다. 복음이 원죄로부터의 구원을 약속하지만 진정으로 기뻐할 수가 없다. 기쁘기는커녕 우울하다. 우리는 신의 죽음에 책임이 있다. 무의식에 죄책감이 새겨진다.

하지만 달리 생각해 보면 너무 죄스러워할 필요가 없다. 따지고 보면 그런 자기희생은 신이 스스로 원했던 바다. 모든 인간에게 원죄의 짐을 지운 것 역시 신의 아이디어였다. 우리는 아무 짓도 하지 않은 채 죄를 물려받았다. 십자가에 못 박혀 달라고 신에게 요구하지도 않았다. 그렇다면 예수가 태어나기 전에 살았던 사람들은 모조리 영겁의 벌을 받을 자들이었을까? 기독교의 입장에서 보면 그렇다. 하지만 기독교는 신이 만든 유일한 종교가 아니다. 부처는 원죄를 알지 못했다. 신이 부처를 위해 십자가에 못 박히지 않았지만 부처는 구원을 찾았다.

대부분의 종교가 공포를 먹고 산다

기독교에서는 부활절 같은 부활의 축제조차도 십자가에 못 박힌 예수의 고통스러운 얼굴을 보며 지낸다. 적어도 이런 경사스러운 날에는 십자고상이 있는 자리에 기쁨의 상징을 갖다 놓을 수 없을까?

기독교에도 그런 기쁨의 상징이 있다. 태양이다. 빛나는 기쁨의 상징, 웃고 있는 하늘. 하지만 구세주는 환한 태양이 아니라 어두침침한 십자가를 상징으로 택했다. 그 이유 가운데에는 수많은 이교도의 신들이 앞서 태양을 상징으로 이용했다는 사실도 포함되어 있다. 그리하여 기독교 신자들은 늘 고통당하는 신이 못 박혀 있는 십자가를 바라보고 있다. 그리고 그에게 기도를 드린다. 그런 예수의 고통

❖ ─ 이집트의 태양신 라Ra 또는 Re의 형상. 라는 눈동자 모양 또는 매의 머리를 한 신인神人의 모습을 하고 있다. 고대 문명의 거의 모든 종교가 태양신을 숭배했다.

을 눈으로 목격한다. 웃을 수가 없다. 결국 십자고상은 죄를 진 자로서 우리 자신이 짊어져야 하는 '십자가'를 상징한다.

하지만 중세까지만 해도 기독교의 '화창한' 측면이 남아 있었다. '부활절 웃음(리수스 파스칼, risus paschalis, 부활절 강론 중 해학과 풍자로 신자들을 웃게 만들던 풍습)'이 대표적인 사례다. 부활절 미사에서 예수에게 패배한 죽음을 비웃고, 예수가 뛰어넘은 지옥을 조롱했다. 하지만 언젠가부터 기독교 지도층은 이 부활절 웃음을 중단시켰다. 아마도 자

유분방함을 유발하는 웃음이 기독교 권력층에 회의적인 입장을 취한 이들의 무기가 될 수도 있었기 때문일 것이다. 그러면서 '기쁘지 않은 소식('복음'의 반대되는 개념으로 쓰인 말)'이 말했다. 기독교도는 십자가에 못 박힌 자를 내면에 담고 있기에 웃지 말고 울면서 인생을 살아야 한다고.

태양의 상징이 사라지면서 기독교는 원래의 밝고 환하며 즐거운 면모를 상실했다. 이제 기쁨을 전하는 것은 기독교의 관심사가 아니다. 기독교는 지난 수백 년 동안 공포를 조장하기 위해 노력했다. 영겁의 벌을 언급하면서 신의 처벌을 두려워하도록 만든 것이다.

근본적으로 기독교의 모든 시스템은 두려움을 수단으로 작동한다. 두려움만 없다면 인간은 아주 잘살 수 있을 것이다. 사실 그렇게 되도록 돕는 것이 종교의 역할이다. 그것이 종교의 가장 심오한 의미다. 하지만 특이하게도 불교를 제외한 세계의 모든 대형 종교들은 두려움을 먹고 산다. 심지어 기독교는 한때 공포심을 조장하여 막대한 돈을 벌기도 했다. '회개하라!'라는 공포심을 조장하는 슬로건을 내걸고서 말이다. 가엾은 죄인들은 돈을 지불해야만 죄에서 벗어날 수 있었다.

성경의 그리스어 원전에는 그 어디에도 '회개'라는 말이 없다. 유사한 의미로 '메타 노에이테meta noeite'라는 말이 등장하는데 그 말 뜻은 '생각을 바꾸어라'이다. 그런데 히브리어 성경과 그리스어 성경을 라틴어로 번역했던 교부 에이세비우스 히에로니무스Eusebius Hieronymus, 347?~420가 그 구절을 '회개하라'로 바꾸었다. 그는 신학적인 이유에서 의도적으로 오역을 했다. 하지만 그 결과 성스러운 소식 자체를 변조했다. 복음서에반젤리움, Evangelium는 이름 그대로 '에우 안젤리온eu angelion', 즉 '기쁜 소식'이다. 하지만 기독교 교회는 이 복음을 회개의 설교로, 후회의 소식으로 바꾸어 버렸다. 이후 기독교도들은 고개를 푹 숙이고 양심의 가책을 느끼며 살아가고 있다. 스스로 죄인이라는 죄책감을 느끼면서 말이다. 종교가 그들을 초라하고 볼품없는 존재로 만든다. 수많은 찬송가에도 나오는 구절이다. '깊은 죄의 궁지에서 저를 구하소서, 주여.'

엄연히 '죄'는 존재한다. 우리가 범죄라고 부르는 바로 그것이다.

하지만 종교에서 말하는 죄는 거짓말처럼 누구나 일상에서 저지를 수 있는 사소한 잘못들이다. 종교는 그것들을 엄청난 일로 만들어 사람들에게 겁을 준다. 정작 돈 많고 권력 있는 자들의 범죄에는 침묵하고, 심지어 동참하면서 말이다.

종교가 없애 버린 기쁨과 즐거움 가운데는 성적 쾌락도 있다. 이 역시 선과 악을 알게 하는 나무를 통해 저지른 원죄와 관련이 있다. 금단의 열매를 먹고 아담과 하와가 무언가를 '인식'했다는 사실은 두 사람이 처음으로 남자와 여자로 자각했다는 의미가 담겨 있다. 다시 말해 동침을 했다는 뜻이다.

쾌락을 거부하는 종교가 어떻게 신나고 즐거운 종교가 될 수 있겠는가? 불가능하다. 신이 직접 창조했던 것들을 종교는 거부했다. 다시 해묵은 의문이 불거진다. 신이 만드신 것이 어떻게 악할 수 있을까? 종교와 성의 문제는 뒤에서 더 자세히 다루겠다.

종교가 약속하는 영생이 좀 더 희망적으로 보이게 하기 위해 종교가 인간의 삶을 비참하게 만들려 한다는 느낌이 들지 않는가? 이렇게 본다면 종교는 가장 깊은 곳에서부터 삶에 적대적이다. 세상을 비참하고 가치 없는 것으로 확신하고 현세의 삶을 깊은 염세주의에 빠진 채 바라본다. 모든 낙관주의는 오로지 내세를 목표로 한다. 하지만 내세는 현세를 대가로 할 때만이 얻을 수 있는 것이다.

종교의 암울한 분위기는 바로 여기에서 나온다. 종교는 인생의 즐거움을 포기하는 자에게만 신의 은총을 약속한다. 신의 은총은 스스로 노력하는 사람에게만 주어진다. 이리하여 우리는 다시 미사 시간으로 돌아왔다. 복음에 어울리는 즐거운 분위기가 충만하다면 나는 기꺼이 그곳을 찾을 것이다. 유머가 없는 종교는 편협한 광신으로 전락한다. 물론 종교의 가치가 결여된 유머는 냉소가 되고 말 것이다.

❖ 기독교 성경 속의 신은 엄하고 무서운 모습으로 묘사된다. 신은 자비와 용서를 베풀지만, 자신을 따르는 이에게만 은총을 내린다.

❖ 성경의 신은 인간 친화적이고 다수인 고대 그리스의 신들과는 차별화될 필요가 있었다. 그래서 유일신이 되었고 엄숙한 존재가 되었다. 기독교의 제식이 엄숙하고 따분해진 이유이기도 하다.

❖ 기독교 성경에 따르면 인간은 누구나 죄인으로 태어난다. 이러한 죄인을 구원하기 위해 신은 인간으로서 죽음을 맞았다. 교리의 구조가 이러하기 때문에 기독교는 우울한 분위기에서 벗어날 수 없다.

❖ 성경의 히브리어 원전과 그리스어 원전을 라틴어로 번역하는 과정에서 종교적 목적에 의해 복음은 '기쁜 소식'에서 '기쁘지 않은 소식'으로 변질되었다. 이 세계 대부분의 대형 종교들이 두려움을 조장하고 공포를 먹고 산다. 이승의 삶을 초라하고 비참하게 만든다.

❖ 종교는 신이 직접 만든 많은 것들을 금기로 지정했다.

종교의 미래는
어떨까

인류 역사에서 종교가 사라지는 날이 올까?

　다행히 우리는 미래를 내다볼 수 없다. 각 종교는 갖가지 미래의 버전을 내놓았지만 지금껏 쓸 만한 결과가 나온 적은 없었다. 종교는 늘 예언을 하고 심판의 날에 이르는 구원의 시나리오를 작성해 왔다. 정확한 날짜까지 못 박는 경우도 드물지 않았다. 하지만 사실 최후의 심판이 언제 올지는 아무도 모른다. 그리스도가 구원을 약속했음에도 세상은 아직 구원을 받지 못했다. 하지만 그건 중요한 문제가 아니다. 종교가 없는 인류를 상상할 수 있는지, 그것이 문제다.

　상상 못할 건 뭐야? 많은 이들이 이렇게 되물을 것이다. 종교 없이도 잘사는 사람들이 수두룩하지 않은가. 언젠가 인류 전체가 종교 없이 잘살 수 있는 날이 오지 말라는 법도 없다. 종교란 도대체 무엇인가? 분명한 사실은 인간은 종교 없이도 얼마든지 종교적일 수 있다는 점이다.

질문을 이렇게 바꾸어 보자. 종교의 미래는 어떠할까?

신앙심을 초월을 향한, 현세를 넘어서고 싶은 인간의 근본적인 동경으로 이해한다면 종교란 인류가 존재하는 한 계속 남아 있을 것이다. 인간은 지적 능력을 통해 한계를 넘어서기 위해 노력하는 존재, 즉 경험과 의식과 지식의 한계를 넘어서려는 존재다. 하지만 죽음이라는 엄연한 사실의 한계를 넘어설 수는 없다. 삶과 죽음의 경계 너머에 무엇이 있을지, 무無가 있을 뿐인지, 아니면 미처 상상하지 못한 어떤 것이 있을지 우리는 알지 못한다.

하지만 이러한 유한함이 우리의 의식을 자극하여 죽음 너머를 상상하도록 부추긴다. 설령 인간이 불멸의 존재였다 해도 불가해한 불멸성 너머로 인간은 고개를 내밀었을 것이다. 그리고 존재하고 싶지 않다는 동경에 휩싸였을지도 모른다.

다시 주제로 돌아가 보자. 이 세상에는 죽음 이후를 생각하지 않고 죽음이 모든 것의 끝이라고 받아들이면서 종교 없이도 잘살아 가는 사람이 많다. 그들은 죽음 이후에 무엇이 있을지 관심이 없다. 죽음 이후에는 칠흑같이 어두운 밤이 영원히 계속될 것이라고 확신한다. 그것도 나쁘지 않다. 사실 존재하지 않는 것보다 더 편한 것은 없으니까 말이다. 삶이란 그저 그 영원한 밤에 새겨진 찰나의 빛일 뿐이다. 하지만 무로 소멸된다는 믿음 역시 동양 종교의 핵심을 이루는 아주 심오한 종교 사상이다. 무는 무신론자의 내세다. 기독교가 천국을 믿듯, 무신론자는 무를 믿는 것이다. 무를 믿는 것 역시 신앙이다. 이처럼 인간은 신앙심에서 벗어날 수 없다.

그래서 감히 이렇게 주장한다. 인류가 존재하는 한 신앙심은 사라지지 않을 것이라고. 종교는 언어나 예술, 인식과 초월의 충동처럼 인간의 일부이기 때문이다.

신앙이라는 상품을 판매하는 거대 기업들

종교의 모습은 어떠한가? 인간에게 원초적인 신앙심이 내재해 있다면 그 신앙심에 형식을 부여하는 종교는 과연 어떤 모습일까? 다시 질문을 바꾸어 보자. 종교에게 미래가 있을까?

이 문제에 이르면 상황이 달라진다. 전 세계적으로 살펴보건대 사람이 종교에 대해 갖는 의미는 생활수준에 반비례한다. 그러나 미국은 예외다. 미국의 기독교는 사회 전반에 영향력을 미치는 강력한 권력으로 정치에까지 깊이 개입하고 있다. 하지만 유럽의 경우는 다르다. 계몽주의가 활개치고 과학 기술이 발달한 이후 종교는 나날이 뒷걸음질 쳤다. 인간이 소망하는 것을 현세에서 이룰 수 있는 상황이기에 지식과 복지가 종교에게 독이 된 것이다. 이러한 유럽의 세속화는 멈출 기미를 보이지 않는다. 세대가 거듭될수록 교회와 국민의 결속력이 떨어진다. 실존적 문제는 종교 밖에서 해결하려 한다. 현대의 유럽은 수천 갈래로 뒤엉킨 길 위에서 행복을 찾고자 한다. 종교적인 것이 사회의 각 부문과 뒤섞이고, 그 결과 각종 대체 종교들이 탄생하고 있다. 현대인의 생활과 정신세계에 미치는 개인주의의 영향력이 날로 거세지고 있는 것이다.

이런 현대의 흐름에 적응하기 위해 교회들은 젊어지기 위한 성형 수술에 돌입했다. 교회는 만인을 만족시키고자 한다. 특히 신교 교회가 시대와 발맞추기 위해 안달하고 있다. 하지만 이러한 움직임은 교회의 신뢰성이 훼손되는 결과를 낳고 말았다. 신교 교회는 신의 말씀을 대체할 수 있는 것은 아무것도 없다고 가르친다. 그런데 신의 말씀이 인간에게 와닿지 않는다면 그것은 인간이 신과의 관계에서 문제를 겪고 있다는 뜻이다. 신은 절대 인간과의 관계에 문제가 없다. 신은 인간에게 할 말을 다 했다. 복음서는 온갖 마케팅 전략으로 속여 팔아야 하는 물건이 아니다. 사람들이 교회를 떠난다면 그것은 교회가 신의 말씀을 신뢰성 있게 대변하지 못했기 때문일 것이다.

예수는 그렇지 않았다. 순응하지 않았고 저항했다. 억압받는 자, 짐 진 자들을 위해 저항했다. 마르틴 루터Martin Luther, 1483~1546가 말한 것처럼 '기독교인들의 자유'가 예수의 목표였다. 그런데 지금은 어떠한가? 세계화된 상품 시장의 요구에 모든 것이 복종하고 마는 오늘날의 현실에 양대 교회(가톨릭교와 개신교)는 놀랄 정도로 잘 적응하고 있다. 종교적 가치와 도덕적 권위로 돈에 혈안이 된 장사치의 광기에 맞서야 할 교회가 이러한 광기에 암묵적으로 동참하고 있다.

교회의 권위는 이웃을 사랑하라는 계명에서 나온다. 사랑과 믿음, 소망은 이 차갑고 방향 없는 세상에서 우리가 갈망하는 영혼의

❖ — 예수는 성전에서 사업을 하는 장사치들을 내쫓고 환전 상인들의 탁자를 뒤엎는 등 크게 화를 내며 "기도하는 집을 강도의 소굴로 만들려고 하느냐"며 소리쳤다. 오늘날 기업화된 대형 교회들에 예수가 찾아온다면 어떻게 행동할까?

힘이다. 교회가 신의 말씀을 저버리고 이 갈망을 채워 주지 못한다면 사람들은 어쩔 수 없이 대용물을 찾게 된다. 그 결과 모든 것이 종교가 되어 버릴 것이다. 그럼에도 교회는 번창한다. 텅 빈 신의 집이 세속적 목적을 추구하는 동안에도 세속적 건축물의 축성식은 연일 이어질 것이다.

사람들은 더 이상 교회에서 인생의 의미를 찾지 않는다. 그런 사람들에게 교회는 박물관, 시청, 유스호스텔이 된다. 축구 경기장은 '대성당'으로 승격된다. 미국에서는 축구 경기장을 돔, 심지어 슈퍼

돔이라고 부른다. 교황이 그런 돔에서 미사를 집전한다면 그림은 완벽해진다. 돔은 성당이 되고, 이벤트가 예배나 미사가 된다.

성전의 세속화는 교회가 자초한 결과라는 비난을 교회는 겸허하게 받아들여야 한다. 교회는 개방적인 입장에서 예배를 록 콘서트장이나 댄스파티와 접목시키면서 사람들의 신앙을 얻을 수 있다고 생각했다. 하지만 계산이 빗나갔다. 시장과 유행을 좇기에 급급한 세상에서 교회는 신앙을 상품처럼 팔아야겠다는 그릇된 생각에 빠져들었다. 십자가는 상표가 되고 교회는 백화점이 되었다. 실제로 양대 교회는 '신앙이라는 상품'을 가장 잘 판매할 수 있는 방법을 고심하는 기업이 되어 가고 있다. 당연히 신앙 마케팅이 인기를 끌게 되었다. 다행히 신의 집은 성전이며 신성한 공간으로 남아야 한다는 반대 목소리가 나오고 있다. 하지만 걱정이 있다. 그랬다가 그 공간이 정말로 텅 비어 버린다면? 그때는 현재 이 사회에서는 성전이 사람들의 마음을 끌지 못한다는 사실을, 모두가 종교보다는 재미를 더 중시한다는 사실을 아주 냉정하게 인정해야 할 것이다.

신앙은 왜곡되고 세력만 확장되는 종교의 문제점

미국이나 유럽과는 달리 제3세계의 상황은 정반대다. 아프리카와 남아메리카에서는 기독교의 강세가 눈에 띈다. 심지어 기독교의 미래가 이들 나라에 달려 있다고 보는 사람들이 적지 않다. 그런데

이 말은 이 제3세계가 앞으로도 가난을 면치 못할 것이라는 말과 다르지 않다. 앞서 말했듯 인간이 종교에 대해 갖는 의미는 생활수준에 반비례하기 때문이다. 하지만 정말로 그들의 가난이 기독교의 세력을 키우는 걸까? 의혹을 갖지 않을 수 없다.

가난은 그 어떤 것에 대해서도 긍정적인 요소가 될 수 없다. 조금만 더 관심을 갖고 살펴보면 종교를 전 세계적으로 전파하고 급진적으로 움직이는 것은 기독교 교회에 유익한 일이 아니라는 사실을 확인하게 된다. 과도한 종교의 파급력은 의심스러운 종파들만 살찌울 뿐이다. 예를 들어 현재 아프리카 대륙에는 1만 개의 기독교 분파와 자유 교회들이 난립하고 있다. 대부분이 지난 몇 십 년 사이에 생겨난 것들이다. 1990년대 초만 해도 양대 기독교 교회들은 아프리카 독재 정부에 저항하고 민주주의와 인권을 요구하며 수많은 아프리카인들의 가슴에 희망의 불을 지폈다. 하지만 냉전이 종식되고 아프리카의 많은 지역이 혼란에 빠져들면서 급진적인 색채를 띤 종교 단체들이 난립하기 시작했다. 전쟁과 빈곤, 사회 불안은 종교의 가치를 상승시키지만 그 대신 일말의 관용과 자비, 일체의 이성을 말살시킨다. 이성이 없는 신앙은 위험하다.

아프리카에서 가장 세력이 큰 분파가 미국에 뿌리를 둔 성령강림 교회인 것은 우연이 아니다. 이들은 가까운 시기에 세계가 멸망하고 예수가 재림할 것이라고 설파하고, 이슬람을 악의 화신으로 보며, 가난과 기아, 전쟁, 질병, 자연의 재앙을 천국으로 향하기 위해 참고 견뎌야 할 신의 시험이라고 주장한다. 이들 분파의 일부는 세상과 완전히 담을 쌓기도 하지만, 기독교 광신주의와 이슬람교 광신주의의 적대감은 나날이 고조되고 있다. 그 결과 내전과 흡사한 갈등을 빚을 것이고 신앙은 살인 무기가 될 것이다. 대부분의 종교는 역사가 짧을수록 매우 공격적이다.

아프리카 기독교 분파의 문제점은 이뿐만이 아니다. 기독교가 주술이나 마법의 제식을 중시하는 아프리카의 옛 종교 전통과 혼합되면서 원래의 모습과는 완전히 동떨어진 기독교가 탄생하고 있다. 일부는 '타락한 북부(유럽)'와 전선을 형성하여 대치하기도 한다. 부유한 북구 유럽의 기독교가 날로 세속화되고 세력을 잃어 가는 동안 가난한 남쪽 국가들의 기독교는 광신주의와 마법과 폭력의 늪으로 빠져들고 있다. 원주민 문화와 가톨릭 전통이 뒤섞여 독특한 기독교 문화가 형성된 남아메리카의 사정도 크게 다르지 않다.

기독교가 이대로 가다가는 안으로는 수많은 분파로 갈리고 밖으로는 모든 것이 혼재된 잡탕이 되어 종교와 정치, 경제, 범죄의 경계가 완전히 무너지는 날이 올지도 모른다. 그렇게 된다면 종교는 지배와 통제의 수단으로 전락할 것이다.

전 세계적으로 종교의 성장세가 두드러지지만 종교를 빙자한 폭력 또한 급속도로 증가하고 있다. 세상이 점점 더 불안해지는 데 그 원인이 있을 것이다. 종교의 성장이 반드시 좋은 신호인 것만은 아니다.

최악의 경우 이 세계는 광신화된 종교 때문에 멸망할 수도 있다. 현대를 살아가는 많은 사람들이 종교 폭력의 주범으로 이슬람 근본주의자들을 지목하겠지만, 수많은 역사학자들과 종교학자들은 21세기 최고의 골칫덩어리는 급진적인 기독교라고 평가한다. 전 세계적으로 위기가 점점 더 고조될 것으로 예상되는 상황에서 종교가 위기 극복의 주역이 될 가능성은 그다지 크지 않다.

종교의 미래 그리고 인류의 미래

이성적으로 생각할 때, 유럽의 종교가 과거와 같은 권세를 되찾지 않기를 바라는 마음이 커진다. 미국의 '종교적인' 부시 정부가 그러했듯 역사의 바퀴를 뒤로 돌리려는 종교라면 차라리 없는 것이 낫다. 현대인이 소중하게 생각하는 덕목인 자유와 평등, 박애는 유대교의 '정의'와 기독교의 '사랑'으로부터 물려받은 유산이다. 이런 유산을 대체할 수 있는 가치는 없다. 종교들도, 더 정확하게 말해서 종교를 믿는 신자들도 이제는 그러한 사실을 깨달아야 한다.

종교의 미래는 인류가 위대한 세계 종교의 본질(사랑, 정의, 자비), 나아가 자유 민주주의 사회의 본질을 다시금 발굴해 낼 수 있느냐에 달려 있다. 이슬람교를 필두로 거의 모든 종교를 휩쓸고 있는 근본주의는 이러한 종교의 본질을 처참하게 깨부순다. 근본주의는 종교의 사악한 측면이다. 종교를 인간 경시의 목적으로 악용하는 종교인들의 사악한 면모를 드러낸다.

종교의 미래는 다른 무엇보다도 이슬람교의 행보에 달린 것 같

❖ — 모스크에서 기도하는 무슬림들. 세속 권력이나 광신주의와 결탁한 이슬람의 일부 세력은 오늘날 인류의 평화로운 공존을 위협하는 위험 요소로 부각되고 있다. 이슬람교도들이 자기 경전을 올바르게 해석하고자 하는 노력을 기울인다면 이 세계는 한층 살기 좋은 곳이 될 것이다.

다. 이슬람교의 미래는 어떨까? 대형 종교 가운데 역사가 짧은 편이면서도 과거의 어딘가에 발목이 잡혀 있는 듯한 이 종교가 과연 현대화에 성공할 수 있을까? 이슬람교도들은 자신들의 성서를 새롭게 해석해 낼 수 있을까? 하지만 문제는 '이슬람교'에 있는 것이 아니라 『쿠란』으로 만행을 정당화하며 이슬람교를 폭력적인 목적에 악용하는 이슬람 광신도들에게 있다. 『쿠란』뿐만이 아니다. 『성경』에도 폭력과 만행을 정당화할 만한 구절은 충분하다.

이슬람 세계가 현대 문명으로부터 버림을 받고 있다는 느낌을 가장 강렬하게 받는다는 사실을 감안한다면 이슬람 국가들의 급진화가 그리 놀랄 일은 아니다. 환경 파괴와 기후 변화, 자원 고갈 등의 세계 문제가 나날이 심각해져 가는 상황에서 종교가 점점 더 과격해지고 급진적으로 움직일 것이라는 우려 역시 높아지고 있다. 사방에서 근본주의적 경향이 심화되고 종교의 폭력이 꼬리에 꼬리를 물고 이어질 것이라는 걱정 역시 높아지고 있다. 종교의 종류를 불문하고 근본주의는 고집불통이다. 성서를 글자 그대로 해석하며 자기만 옳다고 우기는 것도 마찬가지다. 이러한 위험을 막는 것이야말로 모든 깨어 있는 정신, 모든 이상적인 인간—종교의 어둡고 사악한 면모를 깨닫고 종교의 밝고 인간 친화적인 면모만 수용하는 사람—들이 흔쾌히 떠맡아야 할 임무이자 역할이다.

종교의 미래는 인류의 미래와 마찬가지로 미지수다. 종교 그 자체는 신의 말씀을 전파하기에 미래를 보장하는 가장 효과적인 수단이다. 하지만 말씀을 해석하는 임무 역시 종교에 있기 때문에 엄청난 오해와 위조와 거짓이 있을 수 있다. 이 문제가 저주처럼 종교 위에 드리워져 있다. 종교는 자기 자신을 알지 못한다. 하지만 메시지만은 분명하다. 사랑, 정의, 자비의 메시지.

미래의 종교는 신이 인간을 통해 이루고자 했던 바를 지금보다 더 명확하게 깨달아야 한다. 종교가 인간을 위해 존재하는 것이 아니라 신을 위해 존재한다는 사실을 깨달아야 한다. 온 우주와 여기 이 지구의 진화는 신의 계획이며, 인간은 아직 그 계획을 이해하기에는 턱없이 모자란다. 인간은 이 끝없는 우주에서 인간이 가장 총애를 받는 신의 자녀라는 착각에 빠져 있다. 1,000억 개에 가까운 은하계에서 우리보다 더 신과 가까운 최고의 지적 존재가 있지 말라는 법이 어디 있단 말인가.

❖ 내세를 믿지 않는 무신론자가 무수히 많다. 그러나 죽음 이후에는 영원한 무無가 이어질 것이라는 생각 역시 동양 종교의 핵심 사상이다. 따라서 기독교도가 천국을 믿듯 무를 믿는 것 또한 일종의 신앙이다.

❖ 소망을 실현시켜 주는 수단이 발달하면서 현대인의 내면에서 신앙은 설자리를 잃어 가고 있다. 교회는 현대인의 관심을 끌고 젊어지겠다는 전략에서 예배나 미사를 '이벤트'로 만들었다. 그 결과, 오늘날 수많은 교회가 신앙을 판매하는 기업으로 전락했다.

❖ 잘사는 미국이나 유럽과는 달리 상대적으로 빈곤한 제3세계에서는 기독교 세력이 점점 확장되고 있다. 하지만 이들 지역에서는 기독교의 확장세와 더불어 기독교 광신주의도 세력이 점점 커지고 있다.

❖ 성서를 문자 그대로 해석하는 근본주의와 자기 종교만이 옳다고 우기는 태도는 인류를 위험에 빠뜨릴 수 있다.

❖ 종교의 미래는 인류가 사랑과 정의, 자비라는 세계 종교의 가치를 얼마나 깊이 이해하고 실천하는가에 달려 있다.

2부

선한 신이
창조한 세상에
왜 악이
존재하는가?

무신론과 유신론

무신론의 진정한 의미

신이 눈에 보이지 않는다는 사실은 신이 존재하지 않는다는 그 릇된 결론으로 이어질 수 있다. 전통적인 오류다. 실제로 많은 사람 들이 신을 두고서 인간의 가장 천재적인 창작물이라고 확신한다. 이 런 사람들을 일컬어 무신론자라고 부른다. 그들은 신의 관념, 즉 입 증할 수 없는 것에 관한 관념은 무의미한 이론이라고 생각한다. 무 신론자는 입증할 수 있는 것만 중시한다. 감탄할 만한 태도가 아닐 수 없다. 신을 믿으며 사는 것이 훨씬 수월한데도 말이다. 무신론자 는 상상하지 않는다. 그들에게는 숭고한 의미, 천명 따위가 존재하지 않는다. 인생은 있는 그대로이며, 그것만으로 충분하다.

그런데 무신론도 따지고 보면 신을 전제로 한다. 무언가를 부정 하기 위해서는 그것이 있어야만 한다. 따라서 무신론은 신의 존재를 믿지 않는 것이 아니라 신에게서 완전히 벗어나려는 노력이라 할 수 있다. 하지만 이러한 노력은 실패로 돌아갈 수밖에 없다. 무신론자들의 생각 속에는 항상 신이 들어 있기 때문이다. 아니, 어쩌면 보통 신자들의 머릿속보다 신이 차지하는 비중이 높을지도 모른다. 무신론자는 신의 마음에 드는 삶을 살 수 없다고 누가 감히 말할 수 있겠는가? 종교인이 부도덕한 삶을 사는 경우 또한 적지 않다.

인간의 존엄성을 도덕적 실존에서 찾았던 철학자 칸트Immanuel Kant, 1724~1804는 신이 존재해야만 도덕적 인간이 있을 수 있다는 사실을 잘 알았다. 칸트의 입장에서 보자면 사람의 도리를 다하는 무신론자는 결국 고매한 도덕성을 통해 신이 존재한다는 사실을 입증하는 존재라고 할 수 있다. 반면에 프랑스 작가 카뮈는 신에 대한 믿음이 진정한 인간성으로 향하는 길을 가로막는 장애물이라고 주장했다. 신의 전능이 인간의 자유를 허용하지 않기 때문이다. 따라서 도덕적으로 자유로운 인간이 존재하기 위해서는 신이 존재해서는 안 된다고 주장했다. 하지만 카뮈는 인간의 됨됨이가 신의 담당이 아니라는 사실을 간과했다. 인간의 성품이 신에게 달려 있다면 인간의 범죄 역시 신에게 전가시켜 버리면 그만일 것이다. 신이 허용했노라고, 범죄도 신의 뜻이라고 우기면서…….

그런 의미에서 볼 때 자신의 행동에 스스로 책임을 지는 무신론자는 참으로 성실한 사람이다. 물론 무신론자가 비인간적인 행동을 하지 않는다는 보장은 없다. 인류의 가장 잔혹한 범죄가 무신론적 사고 시스템에서 비롯되었다는 사실을 잊어서는 안 된다. 독일의 나치가 그랬고 러시아의 스탈린주의가 그랬으며 중국의 마오주의가 그랬다.

신, 인간의 머리로는 상상할 수 없는 존재

근본적으로 따졌을 때 신을 믿건 안 믿건 그런 것은 전혀 상관없지 않을까? 신이 존재한다면 신은 만인을 위해, 즉 신자와 비신자 모두를 위해 존재해야 한다. 신은 자신을 믿는 사람들만 중히 여긴다고 누가 말하는가? 기독교 교회가 그렇게 말한다. 신은 인간이 자신을 믿기를, 나아가 인간이 자신을 사랑하기를 기대한다고. 신은 인간을 너무도 사랑한 나머지 사람이 된 자신의 아들마저 인류를 위해 희생시켰다고 말이다.

하지만 여기서 의문이 솟구친다. 신을 바라보는 기독교의 관점만이 유일하게 옳은가? 동양의 종교는 신을 거론하지 않을뿐더러 설령 입에 올린다 해도 인간에게 아무런 희망과 기대를 품지 않는 우주의 힘을 신이라고 본다. 신의 기대가 의미가 있으려면 신을 인격체Person로 생각해야 한다. 그럴 경우 그러한 기대는 인간화된 신의 지극히 인간적인 기대다. 아마도 신의 인간화는 종교가 낳을 수 있는 최대의 오해일 것이다.

결국 신에 대한 온갖 말들은 하잘것없는 헛소리일 뿐이다. 인간이 인격체이기에 신 역시 인격체이어야 인간과 신이 관계를 맺을 수 있다는 의미에 불과하다. 라틴어 페르소나persona는 '가면'이라는 뜻이다. 신에 대한 인간의 관념에서 이 말은 문제의 핵심을 찌른다. 신의 '인격체'는 풀 수 없는 신의 비밀을 감춘, 인간이 만든 마스크에 불과하다. 종교는 각기 다른 신의 마스크를 에워싼 사상 체계다. 순수 교리로 신의 마스크를 벗겨 낼 수 있었던 종교는 불교 하나뿐이다. 불교에서는 신과 공空이 하나이니까.

솔직히 신자들도 신이 마스크를 쓴, 숨어 있는 신이라는 사실을 인정해야 한다. 그런데 신은 왜 숨어 있는가? 왜 모습을 드러내지 않는가? 거대하고 전능한 모습으로 그냥 우리 앞에 서서 이렇게 말하면 얼마나 좋을까? "그래, 나 여기 있다. 내가 신이다. 이제 너희들은 내가 있다는 사실을 알게 되었다. 더 이상 나를 의심할 필요가 없다."

어떤 일이 벌어질까? 아마도 엄청난 혼란이 일어날 것이다. 혼란 끝에 모두들 이 '신'은 아무리 인상적일지라도 가짜일 수밖에 없다는 깨달음에 도달할 것이다. 스스로 이름을 짓고 자신을 설명하거나 모습을 보이는 '신'은 신이 아니다. 신의 상을 만들지 말라는 성경의 계명이 여기서 의미를 획득한다. 신은 '완전히 다른 존재'이기 때문에 인간으로서는 신의 모습을 상상할 수 없고 만들 수도 없다. 따라서 모든 신의 상은 그릇된 상일 수밖에 없다. 초상으로 그려진 모든 신은 신이 아니다. 눈에 보이고 귀에 들리는 신으로 무엇을 할 수 있단 말인가. 우상 숭배만이 남을 것이다. 눈에 보이지 않는 신에게 기도를 드리는 것은 눈에 보이는 어떤 상에게 경배를 올리는 것과는 근본적으로 다르다. 신상을 경배하면 보이지 않는 신성을 섬기는 것인지, 신상을 섬기는 것인지 모호해진다.

❖ ─ 바티칸의 시스티나 성당 천장에 그려진 미켈란젤로의 「천지창조」 가운데 하느님이 아담에게 생명을 불어넣는 장면을 묘사한 부분이다. 기독교 성화에서 신은 근엄한 인간 어른의 모습을 취한다. 인류는 인간의 형상대로 신을 상상하고 인격화했다.

인간은 왜 신을 볼 수 없는가?

이 지점에서 『구약』의 신은 눈에 보이는 신, 적어도 귀에 들리는 신으로 나타난다고 반박하는 사람이 있을 것이다. 성경의 여러 장면에서 신은 인간에게 말을 한다. 선택받은 개인에게, 때로는 선택받은 이스라엘 민족 전체에게. 문제는 신이 정말로 말을 했는지, 아니면 인간이 신의 말을 들었다고 착각했을 뿐인지 분명하지 않다는데 있다. 예를 들어 「탈출기」(「출애굽기」) 20장 18~19절에 이런 구절이 있다.

온 백성은 우렛소리와 불길과 뿔 나팔 소리와 연기에 싸인 산을 보고 있었다. 백성은 그것을 보고 떨면서 멀찍이 서 있었다. 그들이 모세에게 말하였다. "우리에게는 당신이 말해 주십시오. 우리가 듣겠습니다. 하느님께서 직접 우리에게 말씀하시지 않도록 해 주십시오. 그랬다가는 우리가 죽습니다."

신은 우레와 번개와 연기로 말을 한다. 화산 폭발과 같은 무시무시한 자연 현상을 신의 음성으로 해석한 것은 아닌지 당연히 의심이 솟구친다. 이교의 전통이 깊이 뿌리 내린 민족이라면 이상할 것도 없는 일이다. 과거 모든 문화권의 종족들은 자연 현상을 신의 신호로 해석했다. 따라서 종교학자들은 『구약』의 신을 셈족이 모세 이전에 섬겼던 고대 이교도들의 화산 신으로 본다. 성경 속의 셈족은 지도자 모세에게 신의 무서운 '말씀'을 번역하여 신과 종족의 중재인이 되어 달라고 부탁한다.

『구약』의 역사가 이어지면서 이교도적인 면모가 줄어든 반면 신은 인간으로부터 거리를 두었다. 이제는 사제들이 신과 이야기를 나누고 백성들에게 신이 '말씀하신' 내용을 전달하는 구조를 취하게 되었다. 신은 몸을 숨겼다. '모세가 하느님께서 계시는 먹구름 쪽으로 나아가는 동안 백성은 멀리 서 있었다.' 모세와 신의 첫 만남부터 신은 불타는 가시덤불 속에 숨어 그곳에서, 그러니까 멀리서 ("이리로 가까이 오지 마라.") 말하였다. 이어 모세는 얼굴을 가렸다. '하느님 뵙기가 무서워'서였다. 진짜 신은 볼 수 없다. 신은 인간의 눈에는 무無

다. 신이 모습을 드러낸다면 인간은 그 모습을 참을 수 없을 것이다. 파악할 수 없는 것의 모습일 테니까 말이다. 신도 확실한 경고를 보낸다. "나를 보고 나서 사는 사람이 없다." 모세만은 예외였다. 하지만 그가 신을 보았는지 아니면 숨어 있는 신과 이야기만 주고받았는지 성경만 보아서는 정확히 알 수가 없다.

❖ ─ 성경에 따르면 하느님은 모세 앞에 불타는 떨기나무의 형상으로 나타났다.

신은 인간 앞에 모습을 숨긴다. 이는 신의 근본적인 특성이다. 인간이 신을 보면 죽기 때문에 모습을 숨길 수밖에 없다. 『구약』의 신은 연기구름에 몸을 숨기고, 『신약』에서는 영적인 것의 상징으로서 눈부신 빛이 등장한다. 신은 "사람이 가까이할 수 없는 빛 가운데 계시며 사람이 일찍이 본 일이 없고 또 볼 수도 없는 분이십니다."라고 「디모테오 1서」(디모데 전서)에 적혀 있다. 신은 빛 그 자체가 아니라 빛 속에 숨은 존재다. 여기서 '빛' 대신 에너지라는 단어를 써도 무방할 것이다. 우주에 존재하는, 영원히 꺼지지 않을 전체 에너지 속에 신은 몸을 숨긴다. 이 에너지는 신의 빅뱅, 다시 말해 불가해한 빅뱅에서 방출되었다. 영원한 신을 부추겨 무의 영원을 중단시키고 갑자기 온 우주를 창조하도록 만든 것은 무엇이었는지, 그건 불필요한 질문이다. 137억 년 전 왜 신은 세계를 창조했을까? 역시 무의미한 질문이다. 그런 질문은 신을 마법사로 만들어 그 기술을 꿰뚫어 보고자 하는 의도에서 나온 것일 뿐이다.

만약 신을 포착했다면 그것은 신이 아니다

물리학의 관점에서 볼 때 빅뱅에서의 신은 무한한 밀도와 무한한 온도의 에너지 점과 동일하다. '무한'을 나타내는 수학 기호는 '누워 있는 8(∞)'이다. 신의 기호로 사용되고도 남는 기호다. 물리학의 주장에 따르면 빅뱅에서는 시간과 공간이 분리되지 않는다. 공간이 시간이었고 시간이 공간이었다. 신은 거품 같은 시공간의 칵테일 속에 몸을 숨기고 있었다고 할 수 있다. 이전도 이후도 없고, 왼쪽도 오른쪽도 없으며, 위도 아래도 없는 그곳에 말이다. 신이 영원토록 시공간의 바깥에 존재한다고 본다면 종교가 의미하는 바와 원칙적으로 다르지 않다.

그렇게 시공간의 위에 서서 창조를 할 때 신은 이미 우주가 발전하는 전체 모습을 내다보았다. 그러니 더 이상 자신의 창조에 개입할 필요가 없다. 137억 년 전 빅뱅이 끝나고 언젠가 인간이 우주의 모니터에 등장하리라는 것을 신은 이미 빅뱅이 진행되는 동안에 알고 있었던 것이다. 신은 우주를 창조할 때 그 속에서 진행될 진화도 함께 창조했다. 그러니까 진화는 창조 행위의 일부다.

그런 신이 인간의 눈에 보이지 않는다는 건 지극히 논리적인 결론이다. 인간은 시간과 공간에 붙들려 있지만, 신은 시공간의 바깥에 존재한다. 너무 고민을 해서 머리가 빙빙 돌고 현기증이 일어나는 사람은 신을 느끼는 진정한 감수성을 얻을 수 있는 최선의 길에 서 있는지도 모른다. 신은 현기증을 일으킨다.

물리학은 시간과 공간이 분리되는 순간 신―물론 신이라고 직접 말하지는 않는다―이 직경 10^{-33}(1을 0이 33개인 1로 나눈 숫자)인 작디작은 우주에 숨어 있었다고 말한다. 그것은 빅뱅 후 10^{-44}초에 일어난 일이다. 당시 우주의 온도는 10^{32}도였고, 밀도는 세제곱미터당 10^{92}그램이었다. 따라서 신은 빅뱅 직후 아주 작은 대신 밀도와 온도가 극도로 높은 우주에 몸을 숨겼다. 이 점만 보아도 신이 물리학의 저편에 있는 존재라는 사실을 알 수 있다. 신이 인간의 특징을 갖추었다면 빅뱅으로 인해 말 그대로 손가락을 호되게 데었을 것이다.

신은 무한하지만 무한히 작은 곳에도 자리 잡을 만큼 무한하다. 저 멀리 우주로 간다면 무한히 거대한 공간을 만나게 될 것이다. 하지만 작은 곳으로, 즉 물질의 미립자 속으로 들어간다면 그곳에도 역시 무한히 작은 공간이 나타날 것이다.

사실 방금 읽은 내용은 대단히 무한한 헛소리일 수도 있다. 물론 아무도 그것이 무의미하다고 입증할 수는 없다. 하지만 우리는 스스로 인정한다. 전부 대책 없는 생각의 유희라는 것을 말이다. 하지만 불가해한 신에게 생각으로 다가가기 위해서는 달리 무슨 방법이 있겠는가? 수학과 물리학이 아주 유용한 사고의 지지대를 제공한다.

아니, 사고의 목발이라고 부르는 편이 더 낫겠다. 이 목발을 짚고 우리는 종교의 정신적 낭떠러지를 절뚝거리며 걸어간다. 어떤 시대를 막론하고 위대한 사상가들 역시 다르지 않았다. 모든 철학자들은 신의 문제로 골머리를 앓았다.

대표적인 인물이 신학자이자 철학자이며 과학자인 니콜라우스 쿠사누스Nicolaus Cusanus, 1401~1464였다. 그는 일생 동안 신이 생각을 할 수 있는지의 문제를 두고 씨름했다. 신이 생각하지 못한다면 신이 어디에 있느냐 하는 문제도 무의미하다. 신에 대해 아무것도 이야기할 수 없다면 신에 대해 침묵할 수밖에 없다. 하지만 신에 대한 믿음을 신을 향한 침묵으로 고갈시키고 싶지는 않았다. 교양이 풍부했던 신학자 쿠사누스는 우리가 조금 전에 했던 방식대로 수학과 물리학을 동원해 불가해한 신에게 다가가고자 했다. 하지만 아직 빅뱅이나 초기 우주에 대한 지식이 부족한 때였다.

쿠사누스는 '무한의 원'을 신이 가진 무한성의 상징이라고 보았다. 점점 더 커지는 원의 곡선은 무한에서 직선과 같아진다. 원의 호가 점점 더 원의 현에 접근할 것이기 때문이다. 무한에서는 원과 선의 대립이 무의미해진다. 따라서 쿠사누스는 모든 대립이 해소되는 곳, 시간과 공간, 선과 악, 존재와 무 사이에 신이 있다고 보았다.

또 한 사람의 기독교 신학자 아우렐리우스 아우구스티누스 Aurelius Augustinus, 354~430 역시 이렇게 말했다. "할 수 있다면 우리는 신을 지리적 위치 없이 만물 위에 군림하고, 지리적 규정 없이 사방에 존재하며, 시간 없이 영원히, 스스로는 변함없이 변하는 사물의 창조자로 인식한다." 신은 어디에 있는가? 사방에 있으면서도 아무데도 없다. 아우구스티누스는 이런 결론을 내린다. "네가 신을 포착했다면 그것은 신이 아니다."

신에 대해서는 긍정과 부정이 계속 오가는 와중에만 말을 할 수 있거나 침묵할 수 있다. 신은 불확정성으로 확정된다. 때문에 모든 신에 관한 교리는 혼란스럽다. 성경에서 신은 신이 누구이며 신의 이름이 무엇이냐는 질문에 "야훼"라고 답했다. '야훼'는 '나는 바로 나다' 혹은 '나는 있는 자 그로다'라는 뜻이다. 토마스 아퀴나스Thoma Aquinas, 1225?~1274는 신에 대해 이렇게 요약했다. "신 자체가 무엇인지 우리는 모른다. 신은 우리가 신에 대해 생각하는 모든 것을 넘어선다는 인식은 우리가 이생에서 얻을 수 있는 신에 대한 최고의 깨달음이다." 이 말은 신에 대해 생각하기를 포기하라는 뜻이 아니다. 하지만 신에 대해 생각할 때에는 이미 실패가 포함되어 있다. 신은 늘 신에 대해 인간이 생각할 수 있는 최고의 사상과 관념 너머에 있다. 인간의 생각으로는 숨어 있는 신을 불러낼 수 없다. 신을 생각한다는 것은 고무로 만든 벽을 향해 달려가 부딪치는 것과 같다. 생각의 목표에 닿을 수는 있지만 목표를 맞히지는 못한다. 하지만 쿠사누스는 인간이 신에 대해 묻는다는 사실 그 자체가 이미 신이 존재하는 증거라고 말했다. 믿음이 신을 만들었지만, 그 전에 신이 믿음을 만들었기 때문에 그게 가능한 것이다.

신은 자연의 완벽함과 조화 속에 있는가?

신은 인간이 논리적으로 입증하려는 가능성의 저편에 있다. 그럼에도 신의 존재를 입증하거나 반박하려는 시도는 항상 거듭되어 왔다. 이러한 시도에는 우스꽝스러운 점이 있다. 인간의 이성이라는 한정된 수단으로 신을 증명하려는 것은 건널 수 없는 낭떠러지를 사이에 두고 신과 인간이 떨어져 있다는 사실을 이해하지 못한다는 의미일 뿐이다.

하지만 신의 존재를 입증하지 않고도 신을 인식할 수는 있다. 신이 현현하기 때문이다(국어사전에서는 '현현하다'를 '명백하게 나타나거나 나타내다'로 풀이하고 있다. 하지만 종교에서 사용하는 더 정확한 의미는 직접 모습을 드러내는 것이 아니라 어떤 현상이나 사건을 통해 간접적으로 존재의 확실성을 드러내는 것을 뜻한다). 현현顯現은 종교가 던지는 매우 중요한 약속 중 하나다. 신의 첫 현현은 창조, 즉 우주다. 우주를 통해 신은 스스로를 인지할 수 있도록 만들었다. 그런데 그러자면 우주 안에 신을 인지할 수 있고 인지한 것을 생각할 수 있는 존재가 있어야 한다. 안타깝게도 신의 창조에는 수십억 년 동안 신의 현현을 인지할 존재가 신의 창조 속에 없었던 듯하다. 신은 인간에게만―또는 인간이 알지 못하는 또 다른 지능적 존재에게도―현현하였다. 우주는 완벽하고 조화로운 세계로 신을 현현한다. 물론 그 조화는 영원한 모순의 투쟁으로부터 탄생한다. 자연은 생산하고 생산된 것을 다시 파괴한다. 하나가 없는 다른 하나는 생각할 수 없다.

자연의 작동 원칙인 물리학 법칙은 놀랄 만큼 정확하고 영원히 타당하다. 또 수학 공식으로 정확하게 설명이 가능하다. 수학은 일종의 창조 언어라 부를 수 있다. 우주의 수학적 법칙, 특히 물리학에서의 불변의 상수에서도 초월적인 신의 정신이 현현한다. 불변의 상수가 실제 수치에서 약간이라도 벗어났다면 우주는, 적어도 지금과 같은 우주는 없었을 것이다. 우주는 언젠가 세상을 정신적으로 파악하고 창조의 작품으로 인식할 수 있는 존재를 만들어 낼 소질이 있었다.

하지만 어느 날 이 세상이 창조자 없이 탄생했다는 사실이 밝혀지게 될지 누가 알겠는가? 무에서는 아무것도 탄생할 수 없다는 물리학 법칙은 여전히 유효하다. 전능한 신만이 무에서 유를 만들 수 있기에 신은 물리학의 '대상'이 아니다.

우주가 자연적인 신의 첫 현현이라고 앞에서 우리는 말했다. 자연과 어울리고 자연을 체감하며 정신적으로 탐구하고자 하는 사람은 만물 위에 군림하는 지고한 존재에 대한 예감에서 벗어날 수 없을 것이다. 누구나 자연이 주고 있는 자선을 알고 있다. 자연은 위안을 주고 안정을 주며 숭고하고 장엄하다. 반면에 자연이 줄 수 있는 공포 역시 누구나 알고 있다. 자연에는 신과 같이 양면이 있다. 그러기에 자연을 향한 경탄에 신앙의 싹이 숨어 있지는 않을까? 경탄을 터뜨린다는 것은 신의 손길을 받았다는 의미와 다르지 않다. 창조에 대한 인간의 경탄에는 희망이 깔려 있다. 죽어도 완전히 소멸하지 않을 것이라는 희망 말이다.

❖ — 수학자들은 꽃잎 속에서도 수학의 이치를 발견하고 경탄한다. 하지만 수학자들은 자연 속의 법칙을 대하며 두 가지 입장을 취할 수 있다. 하나는 그 속에서 어떤 절대자의 '손길'을 느끼는 것이다. 다른 하나는 자연은 그 자체로 완전하기에 절대자를 필요로 하지 않는다는 입장이다. 누가 옳은지는 알 수 없다. 다만 자연과 우주의 완전성이 어디에서 비롯되었는지 고민하지 않는 건 올바른 과학적 태도라 할 수 없을 것이다.

별이 초롱초롱한 밤하늘을 올려다보면서도 창조자를 어렴풋이나마 느끼지 못하는 사람이 있다면 분명 그는 극도로 냉철한 현대인일 것이다. 자연의 아름다움과 완벽함은 모든 사물 뒤에 숨어 있는 형체 없는 완전함을 가리킨다. 스스로 몸을 숨기는 신은 무명 예술가처럼 오로지 작품을 통해서만 자신을 드러낸다. 신은 우주를 작품으로 남긴 '무명의 대가'다. 신은 창조를 통해 말한다. 신이 '말'로써 세상을 창조했다는 성경의 구절은 괜히 생겨난 것이 아니다. 신은 현존하지만 숨은 존재로, 침묵하는 존재로 말한다.

하지만 자연을 통해 깨달은 인식이 우리를 신으로부터 먼 곳으로 데려갈 수도 있다. 자연 과학자들 중에는 무신론에 경도된 사람이 적지 않다. 이들은 자연의 놀라운 합법칙성을 눈으로 확인하면서도 거기에서 신을 느끼지 않는다. 자연은 있는 그대로이며 자기 자신으로 자신을 설명한다. 따라서 무신론에 경도된 자연 과학자들은 세계 탄생의 비밀을 그 자체로 내버려 둔다. 과거의 수많은 비밀이 그랬듯 언젠가 그 비밀이 풀릴 날이 올 것을 기다리면서.

무신론에 경도된 자연 과학자들을 반박할 거리는 없다. 신은 자연 과학의 빈틈을 메우는 정신적 틈막이가 되자고 존재하는 게 아니다. 신은 과학의 미해결 과제들 속에 숨어 있는 것이 아니라 전체로서의 자연 속에 숨어 있다. 이미 인간이 완벽한 자연 인식에 도달한 지점에도 숨어 있다. 자연 과학이 아무리 발달해도 신은 빅뱅을 마지막 은신처로 삼을 만큼 궁지에 몰리지는 않을 것이다. 언젠가 인간이 '세계의 공식'을 발견해 자연의—빅뱅을 포함한—모든 것을 설명할 수 있게 된다 하더라도 신은 그 공식과 동일한 것이 되지는 않을 것이다.

범신론에 관하여

모든 것은 신으로부터 오고 신은 모든 것 안에 있다. 이런 견해를 범신론이라고 부른다. 이에 따르면 신은 자연(우주)과 동일하다. 하지만 기독교 신학은 이런 견해를 완강히 거부한다. 그럴 만한 이유가 있다. 이런 견해로 인해 세계 바깥에 있는 절대적 인격으로서의 신이 상실될까 봐 두렵기 때문이다. 반대로 신을 절대적 정신으로 생각한다면 자연이 그 절대적 정신의 원칙에 따라 작동하는 한 신은 자연과 하나가 될 수 있다.

유대계 철학자 바뤼흐 스피노자Baruch Spionza, 1632~1677는 신이 자연(우주) 바깥에 있을 수 없다고 주장했다. 자연이 완전하기에 신 또한 그 안에서 활동하고 있다고 본 것이다. 『구약』 또한 자연에서 활동하는 힘을 '영(히브리어로 루아크ruach)', 즉 신의 막강한 활동력으로 이해했다. 하지만 그에게서는 아직 인격체로서의 신을 찾아볼 수 없다. 스피노자 역시 신을 인격체로 생각하지 않았다. 신은 개성이 없고, 인간과 닮은 이성이나 의지도 없다. 그러나 인간이 신에게서 이성과 의지를 찾고자 한다면 그것은 완전히 자의적인 해석일 뿐이다. 인간의 정신력을 마음대로 신에게 전가시키는 것이다.

예로부터 자연에서 활동하는 모든 힘은 더 높은 질서, 심오한 조화, 불멸과 영원의 느낌을 불러일으켰다. 눈에 보이지 않은 것이 눈에 보이는 것보다 더 비밀이 많은 법이다. 가장 심오한 마지막 비밀은 바로 신이다. 하지만 스피노자는 자연에서 신을 볼 수 있다고, 즉 우리의 감각으로 신을 인식할 수 있다고 생각하지는 않았다. 신은 영원히 인식할 수 없다. 신은 창조 '속'에 있지만 우리가 신을 인식할 수는 없다. 모든 자연 탐구에는 항상 탐구할 수 없는 미지의 영역이 있기 마련이다. 스피노자를 숭배했던 요한 볼프강 폰 괴테Johann

Wolfgang von Goethe, 1749~1832도 "우리는 탐구하지 못할 것에 대해서는 침묵하며, 경외의 마음으로 숭배할 수 있을 뿐"이라고 말했다. 자연에 통하는 것은 진정한 예술 작품에도 통한다. "진정한 예술 작품은 자연 작품처럼 우리의 이성에는 늘 불멸이다. 눈으로 보고 느끼고 감동을 받지만 인식할 수는 없으며, 그것의 본질과 공을 말로 표현할 수는 더더욱 없다."

인간은 자연과 다를 것이 없기 때문에 신은 인간 안에도 숨어 있다. 신성한 빛의 한 점 불꽃이 우리 각자의 마음속에 반짝이고 있다. 하지만 그렇다고 해서 우리가 다른 존재나 사물보다 특출하다는 뜻은 아니다. 한 유대 신비론자는 이렇게 말한다. "그대는 신을 섬기고자 창조된 모든 피조물과 다르지 않다. 무엇으로 그대가 벌레 한 마리보다 더 존경을 받는단 말인가? 벌레는 온전한 통찰과 힘으로 창조자를 섬긴다." 이런 입장에서 본다면 존재하는 모든 것은 신을 닮았을 것이다. 창조는 인간을 최고의 목표로 삼지 않았다.

범신론에서는 자연과 신의 대립이 지양된다. 신은 무한한 우주의 모습을 한 자연과 다르지 않다. 자연에 대한 사랑, 더불어 자기 자신에 대한 사랑으로 신에 대한 사랑이 실현된다. 신은 자연에서 느낄 수 있다, 세계의 원인과 영혼으로. 스피노자의 이론에서 느껴지는 쾌활함은 결국 이런 깨달음에 근거를 두고 있을 것이다. 그의 작품을 관통하는 체념에도 불구하고 그는 미소를 잃지 않았다. 신(=자연)에 대한 그의 사랑이 응답받을 것이라는 희망도 없지만 바로 그 때문에 그의 사랑은 절대적으로 자유롭다.

아인슈타인의 '우주의 신앙심'과 기독교의 인간화된 신

현대 최고의 물리학자 알베르트 아인슈타인Albert Einstein, 1879~1955
은 스피노자를 숭배했다. 어찌 보면 당연한 결과일 것이다. 아인슈타
인은 일반 물리 법칙뿐 아니라 포괄적인 윤리적 세계관을 탐구했다.
이러한 세계관은 '경험 사실 전체'를 포괄해야 한다. 물리학뿐 아니
라 일상생활 전체를 말이다. 아인슈타인의 진리 찾기는 인간의 이성
에 근거하지만 그것이 전부는 아니다. 아인슈타인은 이성만으로는
대답할 수 없는 질문도 던졌다. 무엇보다 신에 대한 질문이 그에 해
당한다.

아인슈타인은—스피노자가 말한 대로—자연과 자연의 법칙에서
신의 현현을 보았기에 일생 동안 신이 다른 우주도 창조했을까 하
는 문제에 매달렸다. 그러고는 다른 우주도 생각할 수 있지만, 신이
온갖 실험 끝에 다른 우주는 다 폐기해 버렸을 것이라는 결론을 내
렸다. 신은 다른 우주가 아닌 이 우주를, 스피노자와 괴테와 아인슈
타인을 배출하게 될 이 우주를 원했던 것이다. 아인슈타인은 이렇게
말했다. "나는 인간의 운명과 행동을 걱정하는 신이 아니라, 존재하
는 것의 질서 정연한 조화에서 현현하는 스피노자의 신을 믿는다."
인간의 특성을 갖춘 '사랑스러운 신'에게서는 얻어 낼 것이 아무것
도 없었다. 상을 주고 벌을 내리는 것은 '저급한 심성의 인간'에게는
의미가 있을지 몰라도 정신적 요구 조건이 까다로운 인간에게는 의
미가 없다. 그런 신의 존재 목적은 그저 인간에게서 일체의 책임을

앗아 가는 것뿐이다. 그러면 인간은 쉽사리 모든 것을 전지전능한 신에게 미루어 버릴 수 있다. 반대로 인식할 수 없지만 자연에서 현현하는 신은 아인슈타인이 "우주의 신앙심"이라 불렀던 인간의 종교적 감정에 불을 지를 수 있다. 아인슈타인은 이 "우주의 신앙심"이야말로 과학 연구의 가장 강력하고 가장 고상한 동기라고 말했다. 자신을 인간 이성의 경계로 끌고 갔던 아인슈타인의 연구는 "신앙심이 깊은 무신론자"의 경배였다.

❖ ― 아인슈타인의 물리와 우주를 향한 탐구는 '신'을 찾아가는 여정이기도 했다. 물론 그가 생각한 신은 기독교식의 인격화된 신이 아니라 우주의 질서를 관장하는 '힘'이었다.

근본적으로 아인슈타인이 말한 "우주의 신앙심"은 새로울 것이 없다. 인도의 불교나 중국의 도교 역시 우주의 종교라 부를 수 있다. 이 두 종교에는 인간적 신이 없다. 아인슈타인은 이렇게 말했다. "우주의 신앙심의 발단은 이미 과거의 발전 단계, 예를 들어 다윗의 시편이나 몇몇 선지자들에게서 발견된다. 우주의 신앙심의 요소는 불교에서 훨씬 더 강하며, 이는 무엇보다도 쇼펜하우어의 놀라운 작품들이 우리에게 가르쳐 준 바다."

철학자 아르투어 쇼펜하우어Arthur Schopenhauer, 1788~1860는 온 세상이 일반 의지와 살고자 하는 충동이 드러난 '표상'일 뿐이라고 주장했다. 하지만 그로부터 현존의 보편적 의미가 도출되지는 않는다. 세상에 등을 돌리거나 연민에서 우러나온 행동을 할 때만이 이 무의미한 살고자 하는 충동에서 벗어날 수 있다. 지속적인 구원은 오로지 자아의 소멸과 비존재로 이행할 때만이 가능하다. 자연이 의미가 있다면 그 의미는 오로지 사물과 존재의 영원한 탄생과 사멸 속에서만 존재한다. 이것은 아인슈타인이 말한 "우리 세계의 내적 조화"다. 신의 원칙은 있지만 인간적 신은 없다.

기독교는 늘 이런 범신론적 교리와 확실한 경계를 그었다. 기독교 신비주의만이 신적 자연과의 합일을 향한 강렬한 동경을 느낀다. 기독교는 신이 창조 안에 현현한다고 가르치지만 신을 창조와 동일시하지는 않는다. 신과 인간을 분리시키기 위해서는 신과 자연 역시 분리시켜야 하기 때문이다. 인간이 자연과 분리되어 자연 위에 군림할 수 있으려면 인간을 닮은 신이 필요하다. 신과 인간이 닮았기에 인간은 자신이 단순한 자연과는 다른 존재라는 멋진 기분을 느낀다. 하지만 인간은 알고 있다. 자신이 자연과 다르지 않다는 사실을. 그런데도 기독교는 한 걸음 더 나아간다. 인간 예수를 통해 심지어 신을 인간으로 만든다. 그리하여 모든 인간이 아주 조금 신격화된다.

"신은 어디에 있는가?" 이 질문에 기독교는 예수 그리스도를 통해 명확한 대답을 던졌다. 신은 인간이 됨으로써 우리 한가운데 있다고 말이다. 기독교에서 예수 그리스도는 최종 단계의 신의 현현이다. 아니 더 나아가 예수 그리스도와 그의 행동에 신의 모든 현현이 집약된다. 예수 그리스도는 인격화된 신의 현재로, 확실히 신이 현현하는 창조 옆에 한자리를 차지한다. 신에 관한 지고의 인식은 그리스도 안에서만, 십자가에 못 박히고 부활하신 그분에게서만 존재한다.

하지만 우리도 알고 있듯이 기독교가 이 세상 유일의 교리는 아니다. 신은 종교의 다양성을 선호한다. 인간이 한 가지 방법으로만 자신을 탐구하기를 바라지 않는다. 신은 다양한 방법으로 현현하며, 이는 다양한 종교로 표현된다. 그 모든 종교는 신과 신성의 현현을 다루고 있다. 세상 모든 종교가 자기 종교만이 진짜 신의 현현을 설명한다고 주장하지만, 그것은 진실이 아니다. 어떤 종교도 완벽한 진리가 아니기에 모든 종교의 가치는 동일하다. 또 윤리적인 핵심 교리에서도 동일하기에, 창조자에 대한 사랑뿐 아니라 창조와 모든 피조물에 대한 사랑을 요구하기에 모든 종교의 가치는 동일하다. 창조를 경시한다는 것은 곧 창조자를 경시한다는 의미다.

정리해봅시다

❖ 엄밀하게 말해서 무신론자는 신을 부정하는 이가 아니라 신에게서 벗어나려는 사람이다. 무언가를 부정하기 위해서는 그 존재가 있다는 점을 먼저 인정해야 하기 때문이다.

❖ 신은 인간의 지력으로는 상상할 수 없는 존재다. 그래서 신의 형상을 빚은 신상은 무의미하다. 우리는 신성을 향해 기도하는 것이지, 신상을 향해 기도하는 것이 아니다.

❖ 성경에서의 신은 기이한 자연 현상 뒤에 숨어 있다. 물리학에서 말하는 '신'은 인간이 인지할 수 있는 시공간의 바깥에 존재한다. 그래서 인간은 신을 상상할 수 없고 볼 수 없다.

❖ 인간은 물리학과 수학을 동원하여 세상의 기원, 즉 '신'의 비밀에 다가가려 한다. 인간의 이러한 노력이 무의미한 것일지는 모르나, 신에 대해 질문을 던진다는 사실 자체가 어쩌면 신이 존재하는 증거일지도 모른다.

❖ 자연을 통해 경탄을 느끼는 순간 사람은 신의 손길을 느낀다. 반면에 자연 과학자들 중 많은 사람이 무신론에 경도된다. 하지만 과학자들이 우주의 비밀을 밝히는 '세계의 공식'을 발견한다 하더라도 그것이 곧 신은 아닐 것이다. 신은 항상 인간 이성의 범위 바깥에 있기 때문이다.

❖ 범신론의 관점에서는 신과 자연이 동일하다. 인간이 다른 피조물보다 특별할 수도 없다. 신에 대한 사랑은 자연에 대한 사랑과 자기 자신을 향한 사랑으로 실현된다.

❖ 심오한 물리학의 렌즈를 통해 세계를 들여다보았던 아인슈타인은 '우주의 신앙심'이라는 믿음에 이른다. 그의 연구 활동은 '신앙심 깊은 무신론자'의 경배였다.

❖ 기독교는 예수를 통해 신을 인간화했다. 신의 모상으로 태어난 인간은 여타의 피조물과는 다른 '신격화된' 피조물이다. 하지만 기독교가 신에 대한 유일한 교리가 아니며, 종교가 창조와 피조물에 대한 사랑을 추구하는 한 모든 종교의 가치는 동일하다.

116

창조론과 진화론, 무엇이 옳은가

창조는 필연과 우연의 완벽한 조합

우리는 지금까지 암묵적으로 이 세상을 신이 창조했다는 전제 하에 이야기를 전개해 왔다. 사실 우리는 신이 세상을 창조했는지 아닌지 알지 못하지만, 그렇게 믿기 때문에 여기까지 왔다. 그렇지 않다면 세상의 탄생을 설명할 방도가 없다. 세상이 빅뱅으로 인해 탄생했다고 말할 수야 있지만, 빅뱅이 정확히 무엇인지 우리는 알지 못한다. 다만 세상이 항상 존재했던 것은 아니라는 사실은 알고 있다.

당연한 말이지만 우주가 탄생하기 전에는 오래도록 우주가 존재하지 않았다. 세상이 영원한 과거부터 존재했다면, 그래서 무에서 세상이 탄생하지 않았다면 창조자에 대한 질문은 쓸모없는 것이 된다. 하지만 우리는 우주가 약 140억 년 전에 빅뱅으로 탄생했다는 사실을 상당히 정확히 알고 있기에 전능한 창조자의 관념은 아주 정당한 것이다. 물리학적 법칙 저 편에 존재하는 전능한 힘만이 무에서 유를 창조할 수 있을 테니까. 하지만 물리학은 그런 과정을 허락하지 않는다.

빅뱅 이론대로 우주가 눈 깜짝할 사이에 무에서 탄생했다는 사실만으로는 창조자의 존재를 입증할 수 없다. 자연이 우리가 아직 파악하지 못한 법칙을 숨기고 있을 수도 있고, 특정 조건하에서는 무에서 유, 심지어 우주 전체가 탄생할 수 있을지도 모른다. 하지만 이런 미지의 자연 법칙을 신과 신의 전능한 힘에 일치시키면 안 되는 이유가 어디 있는가? 단 하나, 신앙심의 부족뿐이다.

정확히 설명할 수는 없지만 발생 가능성이 아주 높은 빅뱅을 통해 신의 관념은 일종의 자연 과학적 근거를 얻은 셈이다. 신을 합리적으로 증명하고자 하는 사람은 빅뱅 이론에서 근거를 찾을 수 있을 것이다. 빅뱅은 시공간의 바깥에서 일어난 일이기에 '신의 사건'이라 부를 만하다. 신은 다양한 방식으로 인간 개개인에게 현현하지만, 빅뱅에서는 이른바 최고의 우주 물리학적 수준에서 현현한다. 무에서 나온 세계의 탄생은 불가해한 신이 없고서는 절대로 이해할 수 없는 일이다.

우주에 존재하는 수십억 개의 은하계 가운데 하나에서 행성 지구가 탄생했고, 그 행성에서 생명이 탄생했다는 사실은 끝없이 수많은 우연과 동시에 우주 전체에 통하는 물리학적 합법칙성이 맞아떨어졌음을 의미한다. 자연법칙의 필연성과 우연은 이 우주를 형성한 기본 단위다. 자연법칙에는 신의 본성이 담겨 있다. 우연 역시 신의 성질을 갖는다. 아니, 우연이야말로 특히 더 그렇다. 우연에서는 신의 영향력을 간파할 수 없기에 가장 순수한 형태로 드러난다. 우연은 창조의 가장 깊은 근본이다. 물리학적 자연력도 불가해한 성질에 기초를 두고 있다. 하필 왜 이럴까? 왜 다르지 않을까? 우리는 그 이유를 모른다.

다윈의 진화론과 현대판 근본주의자의 지적 설계론

근본주의자라고 불리기도 하는 광신자들은 앞서 설명한 창조관을 거부한다. 근본주의자들은 종교적으로 폐쇄된 세계관을 갖고 있다. 특히 생물학자 다윈Charles Robert Darwin, 1809~1882의 이론을 거부하고 거세게 비난한다. 식물과 동물은 물론이고 인간까지도 단순한 원시 생물에서 서서히 진화했다는 다윈의 이론을 받아들인다는 것은 전능하신 신의 창조가 불완전했음을 인정하는 꼴이 된다. 신이 인간을 '손수' 창조한 것이 아니라, 인간이 원숭이를 닮은 선조에게서 수백만 년의 시간을 거치면서 서서히 진화해 왔다는 견해는 자신의 형상대로 인간을 만들었다는 신에 대한 엄청난 모욕이다. 다윈의 진화론에 따르면 인간은 이른바 영장류들 가운데 가장 진화한 형태일 뿐이다. 더구나 유전자 학계가 발표한 바에 따르면 인간의 유전자는 침팬지의 유전자와 98.7퍼센트가 동일하다. 그러니 성경의 구절처럼 신이 인간을 자신의 형상대로 창조했다면 적어도 유전적으로는 침팬지도 신의 형상과 아주 흡사하다는 말이 된다.

자연 과학에도 조예가 깊었던 괴테는 동식물의 친척 관계를 간파하고 있었다. 그는 비교 해부학 연구를 통해 당시까지 인간에게는 없다고 여겨지던 삽간골을 발견했다. 이 뼈는 포유동물에게만 있다고 생각되었기 때문에 인간에게 이 뼈가 있다는 건 인간도 어쩔 수 없이 포유동물의 대열에 포함된다는 사실을 의미했다. 따라서 다윈보다 50년 전에 괴테는 이러한 결론에 도달했다. "인간은 동물과 아주 가까운 친척 관계"이며 "모든 피조물은 큰 조화를 이루는 여러 색조의 한 톤에 불과하다." 하지만 당시 사람들은 괴테의 깨달음을 인정하지 않았다. 작가로서의 능력은 추앙했지만 생물학자로서의 능력은 인정하지 않았던 것이다.

괴테의 이론과는 달리 다윈의 이론은 큰 반향을 불러일으켰다. 사방에서 분노의 항의가 빗발쳤다. 1859년에 세상에 나온 세기의 저작 『종의 기원』은 극도의 혼란을 몰고 왔다. '만물의 영장'이라는 인간의 특별한 지위와, 신이 엿새에 걸쳐 이룩한 창조의 업적을 단박에 무너뜨렸기 때문이다.

하지만 다윈도 자신의 이론을 절대적으로 확신하지는 않았다. 『종의 기원』 6장은 진화론의 문제점과 모순을 다루고 있다. '몇 가지는 너무 중요해서 지금까지도 생각할 때마다 상당히 오락가락한다.' 다윈에 따르면 모든 생명체는 먹을거리와 생활할 공간을 얻기 위해 투쟁을 벌인다. 환경에 가장 잘 적응한 생명체에게는 생존 기회가 돌아간다. 많은 자손을 얻고 확고한 자리를 획득한다. 적응하지 못한 종은 시간이 가면서 자취를 감춘다. 때문에 다윈은 이런 질문을 던진다. '종이 다른 종에서 파생되었다면 (…) 왜 수많은 과도기적 형태들이 도처에 널려 있지 않을까? (…) 왜 그런 과도기적 형태들이 여러 지각층에 엄청난 양으로 매장되어 있지 않을까?'

❖ ─ 다윈의 얼굴에 원숭이 몸을 그려 넣어서 진화론을 풍자한 만화

하지만 실제로 1860년, 그러니까 그의 책이 나온 지 1년 뒤 바이에른의 채석장에서 최초로 과도기적 형태의 생물 화석이 발견되었다. 쥐라기의 시조새였다. 이빨과 깃털이 있어 현재의 조류가 공룡에서 진화했다는 사실을 입증한 것이다. 이후 다른 증거들이 속속 잇달았다. 다리가 달린 물고기 에우스테노프테론Eustenopteron은 경골어류와 양서류의 중간 형태다. 양서류와 파충류를 연결하는 세이무리아Seymouria, 그리고 포유류를 닮은 파충류인 수형류獸形類, Therapsida는 체온을 조절할 수 있는 종이 몇 가지나 되었다. 나아가 육지와 물속을 오갔던 '달리는 고래' 암불로케투스Ambulocetus는 고래가 육지에 살던 네 다리 동물에서 진화했다는 증거다. 하지만 아직도 진화의 사슬에는 빈틈이 많다. 특히 새로운 종의 탄생은 풀리지 않는 수수께끼다. 다윈은 이렇게 물었다. '다른 종끼리 교배

를 하면 새끼를 낳을 수 없다는 사실을 어떻게 이해해야 할까?' 이 문제는 지금도 연구가 진행되고 있다. 진화론의 또 다른 문제는 시간이다. 진화는 수백만 년에 걸쳐 진행되기 때문에 보통의 학문 방법으로는 입증할 수가 없다. 진화는 관찰할 수도, 실험을 해 볼 수도 없다.

'창조론자'들은 이런저런 진화론의 빈틈을 파고들어 다윈의 학설 전체를 비판하고 진화론을 거부한다. 창조론자들은 광신주의자들이다. 특히 학교에서 가르치는 진화론을 교리로 대체해야 한다고 주장하는 미국의 신교도들 중에 그런 사람이 많다. 이들은 우주의 진화, 특히 지구 생명체의 진화는 초인적인 지적 존재(신)가 관장한다고 주장한다. 아주 과격한 사람들은 정통 유대교나 여호와의 증인처럼 성경을 자구字句대로 받아들이기도 한다. 그래서 원죄 이전에 에덴동산에서 인간과 공룡이 채식을 하며 사이좋게 살았다고 주장하기도 한다. 또 화석은 노아의 홍수 때 생긴 흔적이라고 말한다. 그렇지만 노아가 어떻게 공룡을 방주에 실었는지에 대해서는 그들도 답을 하지 못한다(공룡을 실었으면 방주가 가라앉았을 테니까). 명철한 이성의 눈초리로 보면 모든 것이 부조리할 뿐이다.

때문에 현대의 '창조론자'들은 신이라는 말 대신 '지적인 디자이너'라는 말로 과학의 망토를 뒤집어쓰려고 애쓴다. 이를 일컬어 '지적 설계론Intelligent Design, ID'이라 부른다. 이를 주장하는 사람들은 우리의 우주가 수십억 년의 역사를 자랑한다는 사실을 인정한다. 그러니까 진화와 발전이 있다는 사실 자체를 의심하지는 않는다. 다만

이 진화가 목적 없이 순수한 우연의 발전을 통해 인간과 같은 존재를 낳을 수 있다고는 믿지 않는다. 지고한 초자연적 지성이 아이디어를 냈을 뿐 아니라 각 단계마다 계속 조종을 하는 치밀한 계획의 결과라는 것이다.

그들의 주장이 옳다면 이 '지적 디자이너'는 우주를 마지막 목표 지점으로 이끌기 위해 한시도 쉬지 않고 일을 할 것이다. 그렇다면 결국 멸종하고 말 공룡은 왜 필요했을까? 이 '지적인 디자이너'가 정정과 수정이 불가피한 실수를 계속 저지르기 때문이라고 설명할 수밖에 없다. 따라서 언젠가는 인간 역시 실수였다고 판단하여 창조 계획에서 탈락시켜 버릴 수도 있다. '결함투성이 공룡'에게 했던 대로, 멸종한 수많은 다른 원시 종들에게 했던 그대로.

창조와 진화에 관한 몇 가지 실험들

창조론자의 입장에서 보면 죽은 물질에서 살아 있는 세포가 탄생한 과정에서부터 이미 어떤 지성의 개입을 요구한다. 자연적인, 그러니까 우연한 과정을 통해서는 아무리 수백 년의 세월이 흐른다 해도 그러한 일이 일어나기란 불가능할 테니까 말이다. 눈과 같이 고도로 복잡한 기관 역시 단계적으로 만들어질 수 없다. 그들에 따르면 초현세적인 지성이 디자인하여 특정 생명체에게 선사한 것임이 분명하다.

얼마 전 생물학자와 컴퓨터 전문가로 구성된 연구팀이 컴퓨터로 진화 과정을 시뮬레이션하는 데 성공했다. 학자들은 컴퓨터 바이러스처럼 몇 시간 안에 몇 백만 배로 증식할 수 있는 '디지털 유기체'로 작업을 했다. '아비다'라는 이름의 소프트웨어를 이용하면 각 '디지털 유기체'의 탄생과 생활, 죽음을 추적할 수 있다. 이 컴퓨터 존재는 증식을 하고 돌연변이를 만들어 낸다. 다시 말해 '유전자'를 바꾸며 서로 경쟁한다. 그 결과 '디지털 자연'에서 점점 더 고도의 복잡성으로 나아가려는 충동이 탄생한다.

이 실험실의 '진화'는 지적인 조종자가 제도판에서 여러 생명체의 눈을 디자인하는 식으로 사사건건 개입하지 않아도 우연한 돌연변이(유전자 변화)를 통해 단순한 구조에서 복잡한 구조로 나아갈 수 있음을 아주 상세하게 보여 주었다. 왜 모든 생명체의 눈이 제각각인지, 나아가 왜 사람마다 생긴 것이 제각각인지 그 이유도 이런 방법으로 설명 가능하다. 진화는 다양한 길에서 다양한 모양의 눈을 탄생시켰던 것이다.

인간을 위해 신이라는 플래너planner와 메이커maker를 우주로 들여보내려는 창조론자들의 의도는 너무 빤하다. 그리고 그 과정에서 그들은 신을 수십억 년 동안 자신의 세계를 수선이 필요한 기계처럼 계속 만지작거렸던 슬픈 기술자로 전락시켰다. 그들이 그린 신의 모습은 얼마나 초라한가! 다윈의 진화론은 다른 자연 과학이 그러하듯 불가해한 신의 자리를 열어 둔다. 때문에 진화를 연구하는 학자들 중에는 신앙심이 깊은 사람이 많다. 신은 창조를 위해 진화와 같이

우아하고도 효과적인 방법을 선택했노라고, 모든 증거가 그렇게 말하고 있노라고 그들은 말한다.

　물론 우주가 신의 개입 없이 탄생했을 가능성도 얼마든지 있다. 성숙한 신앙은 이런 불확실함을 견디고, 나아가 이런 불확실함을 먹고 영양을 취한다. 자연 과학적으로 증명할 필요가 없고 신을 입증할 필요도 없다.

　신을 증명하겠다고 나선 마지막 실험의 주인공 역시 자연 과학자였다. 영국의 물리학자 스티븐 언윈Stephen D. Unwin은 건실한 자연 과학자로서 애초부터 '신이 존재할 개연성'을 탐구하는 것에 만족했다.

　그는, 인간은 신을 인식할 수 있다, 고통이 존재한다, 종교적 체험이 존재한다, 우리는 반드시 죽는다, 우리는 사랑을 경험한다, 우리는 자연의 아름다움을 체험한다 등등 신의 존재를 입증하거나 반증하는 온갖 삶의 현상들을 살펴보았다.

　그리고 그는 각 현상들이 신이 없는 우주보다는 신이 있는 우주에서 일어날 개연성을 대략적으로 파악하는 인수因數를 그 수많은 현상들에 대입했다. 수학적 방법(이른바 '베이스의 정리')을 이용하면 이 인수로부터 신이 존재할 개연성을 계산할 수 있다. 언윈이 계산한 개연성은 67퍼센트였다. 그의 실험에 따르면 신이 존재한다는 사실이 확실하지는 않지만 어느 정도 개연성이 있는 것이다. 하지만 언윈의 인수는 아주 주관적으로 확정되었다. 그래서 차라리 신의 존재 가능성이 50퍼센트라고 보는 것이 옳을 것도 같다. 신앙에도, 무신론에도 이상적인 비율이니까 말이다.

실현된 불가능

신은 정원사와 같다. 정원사가 자리를 비워도 우리는 정원을 보며 정원사의 손길을 느낀다. 우주도 마찬가지다. 우주를 보며 우리는 창조자의 손길을 느낄 수 있다. 이 우주를 지배하는 법칙을 좀 더 확실히 파악한다면 그 손길을 한층 더 진하게 느낄 수 있을 것이다. 그렇게 된다면 우리는 이 우주에 우리가 존재한다는 사실에 매일매일 감탄할 것이다.

따지고 보면 얼마나 낭비인지 모른다. 상상할 수 없을 정도로 큰 우주가 왜 필요한 걸까? 하지만 깊이 생각해 보면 어렴풋이 이런 생각이 떠오른다. 수많은 행성 중 적어도 하나의 행성에서 생명이 탄생할 수 있으려면 그 정도로 큰 우주가 필요했던 것이 아닐까? 진화

❖ ― 최초로 달의 궤도를 선회한 아폴로 8호의 조종사 윌리엄 안드레스가 달 궤도에서 찍은 지구의 모습. 일부 과학자들은 무한에 가까운 우주 공간에서 지적 생명체가 인류뿐이라면 이는 엄청난 공간 낭비라고 이야기하고는 한다. 하지만 바로 이 지구와 인류를 비롯한 생명체를 위해 그처럼 큰 공간이 필요했을지도 모르는 일이다.

는 이 무한한 가능성들을 실제로 전부 테스트해 보는 것일지도 모른다. 그를 통해 도저히 불가능해 보이는 것도 실현될 수 있었다. 생명체를 거느린 지구는 실현된 비개연성이다. 그리고 그 사실에서 우주의 신성을 느낄 수 있다.

신앙인으로서 신의 섭리를 믿건, 아니면 모든 것이 우연에서 비롯되고 발전되었다고 믿건 아무런 상관이 없다. 어쩌면 자연에는 신의 설계도가 있고, 그것의 이름이 '진화'인지도 모른다. 그리고 그 진화는 많은 부분에서 우연의 '법칙'을 따를지도 모른다. 만일 그렇다면 다윈의 이론은 아주 깊은 신앙심에서 출발한 이론일 것이며, 21세기의 신앙인도 아무 문제없이 받아들일 수 있는 이론일 것이다. 한 가지 잊지 말아야 할 것은 다윈도 종교를 믿었다는 사실이다.

❖ 우주의 창조를 설명하는 (빅뱅과 같은) 과학적 이론들은 오히려 신의 존재와 창조 작업에 대해 정당성을 부여한다. 우주의 탄생과 생명의 진화가 물리 법칙과 우연이 겹친 결과라 할지라도 그러한 생각에서 어떤 절대적 존재의 영향력을 배제하기는 힘들다

❖ 다윈은 자신의 진화론을 절대적으로 확신하지는 않았다. 풀지 못한 수수께끼에 대해서는 스스로 비판을 가하고 의문 부호를 남겼다.

❖ 기독교 근본주의자들은 진화론을 맹공격한다. 신의 모상대로 인간을 창조한 창조 스토리에 원숭이가 등장하는 것은 신에 대한 엄청난 모욕이기 때문이다.

❖ 현대에 이르러 기독교 근본주의자들은 '지적 설계론'이라는 새로운 창조 이론과 세계의 창조 작업을 관장하는 '지적 디자이너'라는 존재를 내세운다. 그러나 지적 설계론에서 신은 자신이 만든 기계를 끊임없이 수선하는 기술자로 전락하고 만다.

❖ 진화를 연구하는 학자들 중에는 신앙심이 깊은 이들이 많다. 그들은 신이 창조를 위해 진화라는 아주 우아하고도 효과적인 방법을 택했노라고 말한다.

❖ 미국의 천문학자 칼 세이건은 이 우주에 지적 생명체가 인류뿐이라면 엄청난 공간 낭비라고 말했다. 하지만 셀 수도 없을 만큼 수많은 행성 가운데 적어도 하나의 행성에서 생명이 탄생하기 위해서 그처럼 큰 우주가 필요했는지도 모른다.

신이 선하다면
세상에는
왜 악이 존재할까

창조는 선하지도 악하지도 않다

신은 세상을 창조했다. 신이 뜻한 대로였다. 여기서 '세상'은 인간이 살고 있는 행성 지구를 포함하여 전 우주를 말한다. 「창세기」에는 '하느님이 보시니 좋았다'라고 씌어 있다. 하지만 세상은 '창세' 이후 그다지 좋은 곳이 아니었다. 인간은 신께서 창조한 세상에 어울리지 않았고 제멋대로 행동했으며 '세상은 너무나 썩어 있었다.' 그리하여 신은 이 잘못된 창조물 인간들을 제거하기로 결심했다. '세상에 사람을 만드신 것을 후회하시며 마음 아파'했던 신은 큰 홍수를 내려 모든 인간의 생명, 나아가 세상 모든 생명을 없애 버리려 했다. 왜 신이 동물과 식물들까지 모조리 없애려 했는지 그 이유를 알 길은 없지만, 어쨌든 그건 그리 정당한 처사가 아닌 것 같다. 그리고 홍수가 났을 때 수중 생물들도 죽음을 면치 못했는지 어땠는지도

의문스럽기는 마찬가지다.

　결과는 우리의 예상대로였다. 노아의 자손들도 그리 나은 인간이 아니었다. 하지만 신은 두 번째 홍수로 세상을 멸망시키지 않았다. 그저 악행이 과도한 몇몇 도시들만 쓸어 버렸을 뿐이다. 신이 나쁜 세상과 합의를 본 것만 같다. 왜 그랬을까? 나쁜 것에도 선한 면이 있다는 사실을 깨달았기 때문은 아닐까?

　첫째로 이런 의문이 든다. 왜 신은 내면에 악을 담고 있는 모습으로 인간을 창조했을까? 신이 인간에게 악한 기질을 선사했다면 인간이 악하다는 이유로 화를 낼 이유가 어디 있단 말인가? 그런 인간의 모습 역시 신의 일부분이 아니던가? 그렇다면 신도 내면에 악을 담고 있다는 말인가? 하지만 그렇게 묻는다면, 그것은 창조를 잘못 이해한 것이다. 이 미미한 지상에 악을 알고 있는 한 존재가 살고 있다는 사실만으로 창조 전체를 실패작으로 생각해서는 안 된다. 그리고 어쨌거나 그 존재는 선도 알고 있다. 악을 알기 위해서는 선에 대한 관념이 있어야 하기 때문이다. 사실 선한 의지만이 존재하는 세상은 무의미하다. 선만 존재한다면 무엇을 보고 선을 판단할 수 있단 말인가?

　신은 노아와 그 가족을 제외한 최초의 인류를 멸했다. 그들이 악하다는 이유에서였다. 그러나 다시 태어난 인류도 악을 알고 있었다. 하지만 이 인류는 선도 알고 있었다. 선과 악은 인간 안에서 계속해서 투쟁을 벌인다. 언제나 그래 왔고 앞으로도 영원히 그럴 것이다. 인류의 역사는 선과 악의 투쟁에 기초하고 있다. 선과 악의 투쟁

❖ ─ 미국의 민속화가 에드워드 힉스가 그린 〈노아의 방주〉. 성경에 따르면 타락한 인간을 쓸어버리기 위해 신은 40일 동안 비를 내린다. 이때 선택된 인간인 노아의 가족은 동물 한 쌍씩을 방주에 태우고 재난을 피한다. 이 홍수가 그친 뒤 신은 다시는 홍수로 인간을 벌하지 않겠다는 약속으로 무지개를 하늘에 내건다.

은 인류의 역사를 이끌어 가는 원동력이다. 창조는 이러한 대립 위에 서 있고, 그래야만 제 기능을 발휘한다. 물리학에도 음과 양이 있다. 물질의 안정된 구조를 보장하는 전하電荷가 대표적인 예다. 고체인 원자는 양자인 핵과 그 주위를 맴도는 음전자로 구성되어 있다.

세상에는 밝음과 어둠이 있고, 위와 아래가 있으며, 늙음과 젊음, 크고 작음이 있고, 선과 악이 있다. 한쪽은 다른 쪽의 조건이 되고, 따라서 어느 쪽도 다른 쪽보다 더 낫지 않다. 전기의 양전하가 음전하보다 더 나은 것이 아니다. 여기까지는 우리도 동의한다. 하지만 인간의 마음에서도 긍정적인 것이 부정적인 것보다 더 낫거나 낫지 않다고 말할 수 있을까? 그런 주장에는 쉽게 동의할 수가 없을 것이다.

선을 대변하고, 우리에게 사랑을 베푸는 선한 신을 가르치려 애쓰는 종교인들은 세상의 악을 용인하기가 쉽지 않을 것이다. 그래서 악을 신과 대립되는 악마 혹은 사탄의 작품으로 해석하면서 신을 악과 분리하려 노력한다. 하지만 사탄 역시 신의 창조물이다. 천사들 중의 최고 천사 루시퍼가 악으로 돌아서 사탄이 된 것이다. 선과 순결, 미의 정수였던 존재가. 이를 통해 우리는 선조차 악의 싹을 숨기고 있다는 사실을 배운다. 천사는 악마가 될 수 있다. 그렇다면 악마가 천사가 될 수도 있지 않을까?

유대 신비교도 같은 견해를 견지하여 악에서 선을 본다. 악은 완벽한 선의 최하 단계라는 것이다. 신과 창조의 일치를 주장하는 발셈 토브Baal Shem Tov, 1698~1760는 이렇게 말했다. "세상 만물, 모든 피조물, 선과 악에는 영광이 깃들어 있다. 이 영광이야말로 진정한 합일이다. 그런데 어떻게 이 영광이 선과 악의 대립을 담고 있을 수 있단 말인가? 진리 안에서는 대립이 없다. 악은 선의 왕좌이기 때문이다." 악의 의미는 인간이 악으로부터 선을 만드는 데 있다.

신은 악의 피안에 있다고 말할 수 있다. 신을 억지로 선한 신으로 해석하려는 것은 신을 인간의 차원으로, 선한 인간의 차원으로 끌어

내리려는 시도에 불과하다. 신의 창조 역시 마찬가지다. 창조는 선하지도 악하지도 않다. 그저 창조가 있었을 뿐이다. 무시무시한 폭력 앞에서도 신의 창조는 무죄다. 모든 것을 선과 악으로 구분하는 건 인간 사고의 한계다. 인간은 세상이 자신을 위해 존재한다고 생각한다. 때문에 인간은 자신에게 유익하고 유쾌한 것은 모두 선하다고 생각하고, 자신의 목적과 일치하지 않는 것은 모조리 악하다고 여긴다. 신은 인간에게 행복을 선사하려고 세상을 만들지 않았다. 우리가 이 세상에 존재하는 건 항상 행복하기 위해서가 아니다. 어쩌면 창조는 신의 절대적 자유의 표현인지도 모른다. 그리고 이런 창조주의 자유가 인간에게는 똑같은 정도의 행과 불행, 미와 추, 생과 사를 안기는 것인지도 모른다. 「신명기」 30장 19절에는 이런 구절이 있다. '나는 오늘 하늘과 땅을 증인으로 세우고, 생명과 죽음, 축복과 저주를 너희 앞에 내놓았다.'

선과 악은 인간에 속한 개념이다

선과 악이라는 개념은 오로지 인간에게만 적용될 수 있다. 인간의 개념이지 신의 개념이 아니기 때문이다. 따라서 신이 인류사에 개입하여 선의 편을 들어 줄 것이라는 인간의 기대는 무의미한 희망이다. 전능에 대한 오해에서 비롯된 희망인 것이다. 물론 성경에서는 인간사에 개입하는 신의 모습을 그리고 있다. 하지만 그것은 성경을 쓴 작가들이 우연의 산물인 역사적 사건을 신의 개입으로 해석했기 때문이 아닐까? 그렇지 않다면 우주의 모든 사건은 신의 의지에 의한 결과로 해석할 수밖에 없다. 하지만 인간에게 책임을 돌릴 수밖에 없는 행동도 분명 있다. 인간이 일으킨 재앙을 신의 의지의 표현이자 결과라고 말해서는 안 된다. 아니, 인간의 행동에 대해서는 인간 스스로 책임을 져야 한다.

창조주인 신은 창조를 마치면서 할 일을 다 했다. 신의 우주는 상상할 수 없을 정도로 크기 때문에 신이 '먼지 알갱이'만한 지구에서 일어나는 시시콜콜한 일상사까지 일일이 관리해야 한다는 주장은 터무니없다. 신은 세상의 시녀도, 세계사의 매니저도 아니다. 우리가 신을 그런 존재로 상상하고 싶다면 무엇보다 신에게 왜 우리를 유한한 존재로 만들었는지 그 이유부터 따져 물어야 한다. 왜 인간에게 생로병사의 온갖 불행을 주었는지, 왜 우리에게 영원한 복락을 선사하지 않았는지 말이다. 그 이유는 바로 영원한 복락이 신의 창조와 대립되기 때문이다. 신의 창조는 대립의 기초 위에서만 제 기능을 다할 수 있다. 따라서 생명은 죽음을 대가로, 젊음은 늙음을 대가로, 행복은 불행을 대가로 해서만 존재할 수 있다. 우주 전체가 그러하다. 우주에도 시작이 있었다. 끝도 있을 것이다. 먼 미래의 언젠가에는 아름다운 지구도 태양에게 잡아먹히게 될 것이다. 창조는 흥망성쇠의 법칙을 벗어나지 못한다. 창조주만이 영원하다. 우주에 존재하는 에너지처럼.

(신의 창조물인) 자연이 인간에게 재앙을 안겨 주기에 인간은 신을

의심하고 회의를 갖게 된다. 신학자들이 지어
낸 선하고 유익한 존재로 신을 바라보려 하
기 때문이다. 자연 재앙은 신에게 잔혹함이라
는 꼬리표를 붙인다. 하지만 자연 재앙의 원천
은 자연법칙일 뿐이다. 자연에서 일어나는 모
든 일은 에너지의 교환과 에너지의 변환에 불
과하다. 신의 창조물은—인간을 포함하여—모
두 이처럼 다양한 형태의 에너지 교환과 변환
에 기초를 두고 있다. 열에너지가 운동에너지
로 변할 수 있기 때문에 대기 중의 열이 태풍
이 되어 인간과 동물과 식물을 죽일 수 있다.

❖ — 재난과 재해로 인해 비극이
일어나면 우리는 신을 원망한다.
하지만 인간이 일으킨 재앙과 자연
의 역동성이 과연 신의 탓일까?

하지만 인간은 자신을 이런 자연의 일부로 보지 않으려 한다. 자연
은 인류가 위대한 연극을 펼치는 무대일 뿐이라고 생각한다. 그 결
과 지진도 인간을 공격하는 악으로 규정한다. 하지만 지진은 인류가
존재하기 전부터 있어 왔고, 태풍도 홍수도 화산 폭발도 마찬가지다.
그렇게 생각해야만 지구는 원래 그러하듯—아니, 인간이 없다면 더
더욱—아름다운 행성일 수가 있는 것이다. 자연의 입장에서 본다면
자연재해로 인간이 죽는 것은 별일이 아니다. 신의 입장에서 본다
해도 마찬가지일 것이다.

　　자연은—더불어 신은—자연재해로 죽은 인간이 선한 인간인지
악한 인간인지 궁금해하지 않는다. 때문에 못된 짓을 저지르는 인간
은 잘 먹고 잘사는데 왜 하필 착하디착한 사람이 끔찍한 일을 당했

느지 묻는 것은 의미가 없다. 이런 질문은 신을 향한 비난이자 질책일 뿐이다. 우리는 인간의 운명이 곤충이나 식물과 다를 바 없다는 사실에 화를 낸다. 어린아이가 병에 걸려 죽거나 사고로 목숨을 잃으면 신을 향해 분노한다. 가혹한 운명의 장난이라고, 신의 가혹한 처사라고 비난하며 그처럼 잔혹하고 못되게 구는 신의 의미를 묻는다. 물론 그런 신도 선한 신이라 믿으며 경배를 드리는 사람도 있다.

신은 세상을 창조했고, 인간은 아우슈비츠를 창조했다

성경의 신화에 따르면 신은 인간에게 낙원의 맛을 보여 주었다. 죽음도 고통도 없는, 모든 것이 아름답고 선한 현존을 보여 주었다. 하지만 인간은 이 낙원을 견디지 못하고 스스로 낙원에서 추방되는 길을 택했다. 시간이 흐를수록 낙원을 견딜 수 없었고 행복의 감옥을 견딜 수 없었다. 차라리 자유롭게 고통스러운 삶을, 가끔씩 실존의 무게로 인해 행복과 미의 순간을 포기하는 삶을 선택했던 것이다.

신화에 따르면 낙원에서는 신을 믿을 필요가 없었다. 신이 거기 있었으니까. 저녁이 되면 신은 선선한 에덴동산을 산책하고는 했다. 하지만 인간이 낙원에서 쫓겨나 이 세상으로 내동댕이쳐지고 이 세상의 법칙에 맡겨지자 신은 부재자요 침묵하는 자가 되었다. 이 세상이 선과 악이 투쟁하는 현장이라는 사실을 경험을 통해 목도하면서 인간은 신을 얻기 위해 몸부림쳐야 한다. 세상이 선하기만 하다면 신앙은 필요 없을 것이다. 신앙의 중요한 추동력은 더 나은 세계를 향한 이상이기 때문이다.

모든 종교는 인간을 더 나은 인간으로 만들고 싶어 한다. 선하게 살아라! 너 자신과 이웃을 사랑하라! 「시편」 97장에는 이런 글이 있다. "주님을 사랑하는 이들아, 악을 미워하여라. 그분께서는 당신께 충실한 이들의 목숨을 지키시고 악인들의 손에서 그들을 구출해 주신다." 대부분의 인간은 선한 면모와 덜 선한 면모를 갖춘 지극히 평범한 존재들이다. 하지만 이런 '범인凡人'들이 인류의 다수를 차지하기에 가장 중요한 층을 형성한다. 따라서 선악에 대한 우리의 결정이 세계의 운명을 가를 수 있다.

아우슈비츠를 떠올려 보자. 가장 참혹했던 인류의 범죄를. 아우슈비츠의 일을 겪고도 인간은 신을 믿을 수 있는가? 이 물음에 사람들은 "예"라고도 "아니오"라고도 대답했다. 아우슈비츠에서 살아남은 사람들조차 두 가지 대답을 다 내놓았다. 그곳에서 죽음을 맞은 사람들은 무엇이라 답했을까? 우리는 알지 못한다. 그런데 질문 자체가 잘못된 것은 아닐까? 이렇게 물어야 옳지 않을까? 아우슈비츠의 참상을 접하고도 인간을 믿을 수 있는가?

아우슈비츠의 학살은 신이 아니라 인간이 저지른 범죄다. 물론 신은 아우슈비츠의 비극을 막지 않았다. 그 말이 맞다. 왜 그랬을까? 그 일은 인간들이 막아야 했기 때문이다. 인간의 모든 악을 신이 항상 개입하여 막아 준다면 인간은 절대 악과 싸워 선을 쟁취할 기회

❖ — 아우슈비츠 수용소로 끌려가는 유대인들. 제2차 세계 대전 중 독일 나치에 의해 600만 명의 유대인이 학살당했다.

를 얻지 못한다. 그리고 인간은 결코 자기 행동에 책임을 지는 존재가 되지 못할 것이다.

아우슈비츠는 신과 아무런 관계가 없다. 하지만 아우슈비츠는 서양의 기독교 문화가 파산했다는 증거가 된다. 아우슈비츠의 비극이 가능했던 것은 전체주의 사회에서 종교적 가치관과 도덕적 기준이 무너졌기 때문이다. 기독교인들이 신앙을 저버리고 더불어 신을 저버렸기 때문이다. 아우슈비츠는 신이 존재하지 않는다는 증거가 아니라, 신이 인간을 책임 있는 존재로 창조했다는 증거다. 이런 진리를 신은 부재를 통해 계시했다.

"신은 세상을 창조했고, 인간은 아우슈비츠를 창조했다." 노벨 문학상 수상자인 임레 케르테스Imre Kertész, 1929~2016의 말이다. 신은 세상을 창조했고, 인간은 세상 속의 악을 창조했다. 하지만 선 역시 인간의 창조물이다.

- ❖ 선과 악은 인간의 개념이다. 물론 종교의 옳은 가치는 선을 추구하지만, 이 세상에 악이 없다면 우리는 선을 판단할 수 없을 것이다.

- ❖ 인류의 역사에서 일어난 모든 사건이 신의 의지에 의한 결과라면, 인간은 아무것도 책임질 필요가 없다. 신은 인간을 스스로의 행동에 책임을 지는 존재로 창조했다. 세상의 악은 신의 의지가 아니라 인간의 의지에 의한 것이다.

- ❖ 자연재해 앞에서 신을 향해 분노하는 것은 어떤 이유인가? 인간을 자연과 동떨어진 존재로 생각하기 때문이다. 자연은 지금껏 움직여 온 대로 움직이고 있을 뿐이다. 인류가 지구에 등장하기 오래전부터.

- ❖ 모든 악을 신이 막아 준다면 인간은 악에 맞설 기회를 갖지 못했을 것이다. 신앙은 더 나은 세상을 향한 이상이다. 악에 맞서면서 인간은 선을 획득한다.

- ❖ 이 세상에 악이 번성하는 것은 신의 탓이 아니다. 인간의 탓이고 지상의 종교가 무너진 탓이다.

신은 왜
남자일까

남성 신은 가부장제 부권 사회의 산물

성경에서는 신을 남자로 칭하고 있다. '하느님 아버지'라는 말은 있어도 '하느님 어머니'라는 말은 없다. 왜 그럴까? 심지어 신이 남자라서 인류에게 더 유익하다고 믿는 사람들도 있다. 하지만 남성 신은 남자로서 행동할 것이기에 상당히 거칠고 전투적이다. 성경의 상당 부분이 전쟁 보고서가 된 것도 그 때문이다.

이는—언어는 물론 종교에 이르기까지—남성적인 것이 우리 문화를 지배하고 있다는 증거다. 사회 어느 분야보다도 종교에서 특히 여성의 부진이 두드러진다. 신이 남성이고 아버지이기 때문이다. 그런데 정말로 신은 남자일까? 의심이 치민다.

신은 인간보다 고상한 동물이거나 일종의 초인이 아니다. 신은 말 그대로 신이다. 이 말은 '남성' 혹은 '여성' 같은 생물학적 개념으로 신을 설명할 수 없다는 뜻이다. 신을 남성으로 보는 것은 이교적 신관의 영향이다. 성경 속의 신은 지금까지도 이교의 유산 속에 갇혀 있다. 종교사적으로 볼 때 성경의 하느님은 사막을 떠돌던 이교의 남성 신들의 후손이다. '하느님은 크시다God is great'라는 성경 말씀은 온전히 신체적 의미로 이해해도 상관없다. 신은 '큰' 남자인 것이다.

성경에 포함되지 못한 고대의 유대교 신화를 보면 신은 아담을 헷갈릴 정도로 자신과 비슷하게 창조했다. '신은 우선 땅에서 하늘까지 흙덩어리를 만들어 그것에 영혼을 불어넣었다.' 아담은 천상의 신에 부응하는 현세의 존재, 진흙으로 빚은 존재였다. 아담이 죄를 지은 후 신은 이렇게 한탄했다. "인간은 세상에서 유일하게 우리와 같았도다." 이 신화에서는 특이하게도 하와의 이름은 거론되지 않는다.

이런 결론에 이를 수 있다. 인간적인 남성 신은 남성적·인간적 환상의 산물이다. 3,000년 전의 『구약』 사회는 철저한 가부장제 부권 사회였다. 남자만이 발언권을 가진 사회였기에 신을 전능한 아버지로밖에 상상할 수 없었다. 앞에서 거론했던 유대계 철학자 스피노자는 사람들이 신에게 인간적인 특성을 갖다 붙이는 것이 그다지 놀랄 일이 아니라고 말했다. "삼각형이 말을 할 줄 안다면 신은 빼어난 삼각형이라고 말할 것이고, 원은 신이 빼어나게 둥글다고 말할 것이다. 나는 그렇게 믿는다." 그러니 인간의 신은 당연히 인간을 닮을 수밖에 없다.

인간의 관점에서 신은 '빼어난' 천상의 아버지다. 지상의 권력이 아버지에게서 나오기 때문이다. 하지만 과거에는 모계 사회도 있었다. 모계 사회에서는 '어머니 대지'처럼 지고의 여성 신과 어머니가 숭배를 받았다.

따라서 인간의 남성적 신관은 현세의 권력관계를 반영한다. 지상의 거의 모든 권력이 남성에게 있었고 지금도 많은 지역에서는 여전히 그렇다. 전 세계의 부富에서 여성이 차지한 몫이 1퍼센트밖에 되지 않는 상황에서 권력이라고 해서 크게 다를 바 있겠는가? 당연히 하늘도 '전능한 남자'가 다스려야 할 수밖에.

신은 생물이 아니다

'남성 신'이란 과연 무엇을 뜻할까? 신에게 '남성적'이라는 생물학적 특성을 부여하면서도 그것을 그 자체로 이해하지는 않는다. 당연히 신은 성性이 없다. 남성적이되 무성이다. 남성적이면서도 남자의 성기는 없다는 뜻이다. 말도 안 되는 소리다. 성적 특징이 없는데 도대체 무엇을 보고 '남성적'이라고 말하는가?

사실 신의 남성성은 내용이 없다. 신의 남성성, 즉 신의 '성별'이 생물학적으로 사용되는 종교는 기독교뿐이다. 신(성령)이 지상의 여인 마리아와 함께 아들을 낳았기 때문이다. 물론 예수의 출생은 영적 출산이다. 하지만 신이 지상의 여인과 아이를 낳았다는 점은 기

❖ — 그리스 신화의 최고신인 제우스의 동상. 그리스 신은 인격화되었기에 성별이 나뉘었다.
그럼에도 최고신의 자리는 남성 신의 차지였다.

독교의 신이 이교도들의 신, 특히 고대 그리스의 신들과 아주 가까워 보이도록 만든다. 그들은 지상의 여인과 사랑을 나누어 반신半神들을 낳았다. 종교학적 관점에서 볼 때 예수는 그리스 반신들의 전통에 서 있다.

　진정한 신, 다시 말해 불가해한 신은 남성이 아니다. 신에게는 존재의 모든 원칙이, 무엇보다 생물학적 원칙이 적용되지 않는다. 신의 '성별'이 문제가 될 경우 신은 본질상 남성도 여성도 아니라는 것이 자명한 결론이다. 창조주는 육체적으로, 육체적 현상으로 거론되지 않는다고 유대인 철학자 모세 마이모니데스Moses Maimonides, 1135~1204가 말했다. 신을 설명하는 '신은 남성이다', '신은 선하다', '신은 전능하다' 등등의 말들은 그저 신을 인간화하여 어떻게 하든 신을 파악할 수 있게 하려는 노력일 뿐이다. 만약 신의 상을 만들기 위해 신을 인간화할 필요가 있다면, 성경의 더 심오한 층위에서는 신이 남성적인 특성과 여성적인 특성을 둘 다 갖춘 존재로 등장한다는 사실을 유념해야 한다. 「창세기」에는 이렇게 씌어 있다. '하느님의 모습으로 사람을 창조하시되 남자와 여자로 그들을 창조하셨다.' 아담은 '신의 형상'으로 양성을 대표한다. 그 후에야 성경은 아담과 하와의 형태로 남성과 여성의 분리를 기록한다. 그때부터 신의 형상에는 남성과 여성이 깃들었다. 실제로 남성과 여성 없이는 완벽한 신의 형상이 있을 수 없다. 신은 남성과 여성의 원칙을 똑같이 대변한다. 전 우주를 채우는, 뭐라 이름 붙일 수 없는 신의 영향력을 모든 대립의 조화라고 보는 종교들도 있다.

불교와 비슷한 중국의 도교는 도道라고 부르는 영원한 우주의 에너지에서 음과 양이 생산된다고 가르친다. 음은 여성적인 것, 수용하는 것, 어두운 것으로 해석하고, 양은 남성적인 것, 산출하는 것, 밝은 것으로 해석한다. 하나가 없는 다른 하나는 생각할 수가 없다. 도는 그 둘이다. 도는 서로 투쟁하지 않고 서로를 보충하고 보완하는 무한의 대립 쌍들에서 우주의 합일을 도출한다.

신 역시 둘이다. 남성적 원칙이자 여성적 원칙이다. 사랑과 연민과 자비가 넘치는 신에게는 '여성적' 면모가, 엄하고 처벌하는 신에게는 '남성적' 면모가 드러난다. 하지만 이 역시 인간이 멀리 있는 신에게 다가가기 위한 수단에 불과하다. 모든 신의 형상들은 성스러운 존재와는 거리가 먼 평범한 신자들을 돕기 위한 보조 수단, 보조 도

✧ ─ 아이온과 가이아. 대지의 여신인 가이아는 남성 신인 제우스를 숭배하기 전에 그리스에
서 숭배했던 모신母神이었을 것으로 추정된다.

구일 뿐이다. 완벽한 아버지인 신, 완벽한 어머니인 신, 완벽한 친구
인 신, 완벽한 자연인 신 등등 인간이 신에게 다가가기 위해 친숙한
형상들을 만드는 것이다. 이런 신들의 이름은 이름이 없는 자에게로,
신의 형상은 형상이 없는 자에게로, 신의 말씀은 침묵으로 이끈다.
신의 인간적 면모는 그저 인간을 위한 도구일 뿐이다. 경배하기 위
해 손에 잡히는 인간적인 신이 필요했던 것이다. 남성의 패권이 약

해지고 여성의 지위가 향상되고 있는 현대 사회에서는 남성 신에 대한 반발이 커질 수밖에 없다.

인간을 신의 형상대로 만들었다는 구절은 글자 그대로 해석할 것이 아니라 순수 정신적 차원으로 옮겨 격상시켜야 마땅하다. 인간 (여성과 남성)은 신의 형상이다. 영원한 것, 진정한 것, 선한 것을 간파할 줄 아는 인간의 감각만 보더라도 신의 형상을 닮았음이 분명하다. 인간이 지닌 의지와 자유와 이성과 영혼의 특성들도 더할 나위 없는 증거다. 이 모든 특성들은 남녀 구분이 없다. 신은 생물학적 개념 저 너머에 서 있다.

❖ 대부분의 신이 남성으로 묘사되고 있는 것은 고대 사회가 가부장적 부권 사회였기 때문이다. 모계 사회에서 탄생한 신은 '어머니 대지'와 같이 모성을 바탕으로 한다. 신의 '성별'은 당대 사회의 남성과 여성 간의 권력관계에 따라 결정되었다.

❖ 우리가 인간이기에 신 역시 인격화되고 인간화되었다. 만약 삼각형이 말을 할 줄 안다면 그 삼각형은 신이 빼어나게 각진 삼각형이라고 주장할 것이다.

❖ 숭배할 형상을 위해 굳이 신을 인간화하고자 한다면, 남성과 여성 양쪽의 면모를 가진 신을 상상해야 한다. 신은 '어머니'이자 '아버지'다. 하지만 분명한 사실은 신은 생물학적 조건 너머의 영역에 서 있다는 점이다.

❖ 그럼에도 인간은 분명 신을 닮았다. 형상을 닮았다는 말이 아니다. 선한 의지와 영원을 향한 인식, 자유로운 이성 등이 곧 신의 특징이 아니겠는가.

신앙과 미신,
무엇이 다른가

신앙과 미신의 경계

　일본 속담에 '사람이 못 믿을 건 없다. 기름에 담근 정어리 대가리도 믿을 수 있다'라는 말이 있다. 물론 정어리 속에 숨겨진 신앙의 깊이를 누구나 깨달을 수 있는 건 아니다. 극도로 정신적인 인간이거나 아니면 미치광이이거나 둘 중 하나일 것이다. 하지만 신성과 광기의 경계는 유동적이다. 사람들은 인도의 성인 라마크리슈나 Rāmakṛṣṇ, 1836~1886를 '신의 바보'라 불렀고, 라마크리슈나 자신도 그 별명을 그다지 싫어하지 않았다. 그는 만물에 신이 깃들어 있다고 생각했다. 바늘 머리에도, 정어리 대가리에도. 믿지 못할 것은 아무것도 없다. 물론 아무것도 믿지 않을 수 있다. 그것 자체도 신앙이다. 구원의 무를 믿는 신앙.

　확실하고 분명한 것만 믿어야 할 필요는 없다. 모든 신앙은 불확

❖ ― 등산로에서 쉽게 발견할 수 있는 작은 돌탑. 이 돌탑을 쌓고, 돌탑에 돌을 보탠 이들의 마음속에는 원시적인 신앙이 내재되어 있다.

실성을 기초로 하고 불확실성을 먹고 산다. 그런데도 아주 규모가 작은 종파까지도 모든 종교는 자기들만이 참된 종교라고 주장한다. 진정한 신앙은 단 하나뿐이고, 바로 그 단 하나가 자신이 믿는 종교라고 말이다. 논리적으로 볼 때 그렇게 되면 다른 신앙 형태는 모조리 틀렸다는 결론이 나온다. 관용으로도 상황을 바꾸지는 못한다. 관용이라는 말 자체에 이미 자신의 견해가 옳다는 의미가 내포되어 있다. 다른 종교가 틀렸지만 참고 용인하겠다는 의미인 것이다. 참고 용인하기보다는 다른 종교도 내 종교와 동일한 가치가 있다고 생각하는 편이 옳다. 그러면 관용을 베풀 필요도 없다.

다른 사람의 신앙을 미신으로 치부하는 사람도 막상 그 근거를 대라고 하면 입을 다문다. 객관적인, 즉 과학적인 논거가 없기 때문이다. 그럼에도 명료하고 냉철한 이성을 갖춘 사람이라면 신앙이 미신의 안개 속에서 길을 잃는 지점을 포착할 수 있을 것이다. 참된 신앙의 특징은 '물질적' 증거에 대한 거부감, 이른바 기적이라고 하는 현상, 자연법칙과 경험에 위배되는 사건들에 대해 건강한 의구심을 갖는 것이다. 신은 입증할 필요가 없다. 그저 믿는 것이다. 기적은 오히려 참된 믿음을 약화시킨다. 진짜 신자라면 필요치 않을 '입증 수단'으로 신앙을 희석시킨다.

또 한 가지 신앙을 약화시키는 전형적인 미신의 특징이 있다. 정신의 자유를 경시하는 것이다. 미신은 어떤 의문도 용인하지 않으며 의심을 증오한다. 진정한 신앙은 의심을 요구하는 동시에 그 의심을 극복할 것을 요구한다. 미신은 굳어 있기에 정신의 자유를 두려워한다.

특히 기적이 신앙과 미신의 갈등을 점화시킨다. 복음서를 통해 기적을 행한 인간으로 예수를 묘사하고 있는 기독교가 어느 종교보다 더욱 그러하다. 예수는 기적의 치료사로, 요샛말로 심리 치료사로 명성을 날리며 곳곳을 떠돌아다닌다. 하지만 냉철하게 바라보면 예수의 구원은 오늘날 우리가 '기적'이라고 일컫는 것이 아니었다는 결론에 이른다. 예수는 비범한 인격에서 뿜어져 나오는 정신력으로 병자를 치료했다. 그리고 말씀의 힘으로 다시 건강해진 이들에게 말한다. "네 믿음이 너를 구원하였다."

예수가 살던 당시의 유대 민족은 성자와 치료사를 구분하지 않았다. 의사, 사제, 예언자, 학자, 교사가 하나였다. 현대의 우리는 수많은 육체 질병이 사실은 마음의 병이라는 사실을 잘 알고 있다. 예수가 살았던 당시에는 병을 죄악의 결과라고 보았다. 때문에 죄를 용서받는 것만으로 병이 치료될 수 있었다. 하지만 예수가 용서한 죄인은 신을 향한 진정한 신앙을 느낀 사람에 한정되었다. 그 말은 신앙 자체가 약이 된다는 뜻이다. 구원은 신앙을 통해서 온다.

예수의 사상대로라면 예수는 기적을 행하지 않았다. 예수는 마법사가 아니다. 신앙만이 인간에게 기적을 일으킨다. 기독교는 예수 그리스도를 통해 신이 인간이 되었음을 '기적 중의 기적'으로 생각한다. 하지만 더 원초적인 기적 중의 기적이 있다. 바로 창조다. 생명과 우주는 순수한 기적이다. 숨은 자, 지칭할 수 없는 자, 파악할 수 없는 자인 신이 파악할 수 있고 일부분 납득할 수도 있는 세계를 창조했다는 사실이 가장 놀라운 기적이다.

원래 기적은 주술을 이용한 처방으로, 원시 부족들은 지금도 이 방법에 의존한다. 실제로 주술이 존재하고 앞으로도 있을 것이라는 사실을 부정하는 건 큰 도움이 안 된다. 주술의 처방은 주문의 힘과 합쳐져 어느 정도 기적처럼 보이는 효과를 일으킬 수 있다.

기적은 어디에서 오는가?

　나는 앞에서 기적이 자연법칙에 위배된다고 말했다. 하지만 위대한 교부 아우구스티누스의 견해는 달랐다. "기적은 자연법칙에 위배되지 않는다. 다만 우리가 알고 있는 자연에 역행할 뿐이다." 이렇게 본다면 우리가 자연에 대해 알고 있는 지식이 기적을 판단하는 기준이 된다. 따라서 자연에서 기적을 많이 접한다는 것은 그만큼 자연에 대해 아는 것이 적다는 뜻이다. 『구약』만 보아도 태양이 여호수아를 위해 멈추었다고, 다시 말해 지구가 자전을 멈추었다고 적혀 있고, 이스라엘 백성이 함성을 지르자 예리코성이 무너졌다고 기록되어 있다. 우리는 이것을 기적이라 부르고 신화적이라고 칭한다.

　'신화'란 말은 지어낸 전설 속의 기적 같은 이야기라는 뜻이다. 우리는 기적을 전설과 신화의 세상으로, 즉 미신의 왕국으로 추방한다. 성경의 시대에도 지구가 단 한 번도 자전을 멈춘 적이 없다는 사실을 우리는 알고 있다. 또 예리코성이 무너진 것은 자연재해의 탓일 수도 있다. 약한 지진이 일어난 시점에 함성을 질렀거나 지진으로 인한 소음이 함성처럼 들렸을지도 모른다. 하지만 성경의 작가들은 그런 현상을 신의 기적으로 각색했다. 왜 그랬을까? 사람들이 기적을 필요로 하기 때문이다. 눈에 보이지 않는 신의 눈에 보이는 신호를 원했기 때문이다. 이렇게 본다면 기적은 기적을 찾는 인간의 노력에서 나온다고 말할 수 있다. 예수 역시 그렇게 생각했고, 때문에 기적을 찾는 제자들을 열심히 말리면서도 물 위를 걷는 등의 기적을 직접 행한 것이다. 「마태오 복음」(「마태복음」) 14장 24~33절을 보면 그 일에 대해 이렇게 적고 있다.

예수님께서는 곧 제자들을 재촉하시어 배를 타고 건너편으로 먼저 가게 하시고, 그동안에 당신께서는 군중을 돌려보내셨다. 군중을 돌려보내신 뒤, 예수님께서는 따로 기도하시려고 산에 오르셨다. 그리고 저녁때가 되었는데도 혼자 거기에 계셨다. 배는 이미 뭍에서 여러 스타디온 떨어져 있었는데, 마침 맞바람이 불어 파도에 시달리고 있었다. 예수님께서는 새벽에 호수 위를 걸으시어 그들 쪽으로 가셨다. 제자들은 예수님께서 호수 위를 걸으시는 것을 보고 겁에 질려 "유령이다!" 하며 두려워 소리를 질러 댔다. 예수님께서는 곧 그들에게 말씀하셨다. "용기를 내어라. 나다. 두려워하지 마라." 그러자 베드로가 말하였다. "주님, 주님이시거든 저러더 물 위를 걸어오라고 명령하십시오." 예수님께서 "오너라." 하시자, 베드로가 배에서 내려 물 위를 걸어 예수님께 갔다. 그러나 거센 바람을 보고서는 그만 두려워졌다. 그래서 물에 빠져들기 시작하자, "주님, 저를 구해 주십시오." 하고 소리를 질렀다. 예수님께서 곧 손을 내밀어 그를 붙잡으시고, "이 믿음이 약한 자야, 왜 의심하였느냐?" 하고 말씀하셨다. 그러고 나서 그들이 배에 오르자 바람이 그쳤다. 그러자 배 안에 있던 사람들이 그분께 엎드려 절하며, "스승님은 참으로 하느님의 아드님이십니다." 하고 말하였다.

기적을 목격하고서야 마음이 흔들리던 제자들이 비로소 예수를 믿게 된 것 같다. 따라서 예수가 현대의 마술사처럼 제자들을 미혹하려 했다는 비난을 퍼부을 수도 있겠다. 하지만 이런 기적 이야기들에는 더 심오한 의미가 있다. 제자들은 예수가 기적을 행함에도 여전히 그를 믿지 않으며 그에게 신뢰감을 갖지도 않았다는 점을 보여 주고 있는 것이다. 예수의 기적은 사람의 마음속에 믿음이 없다면 완전히 무의미하다. 때문에 처음에는 제자들도 스승인 줄 모르고 예수를 유령이라고 생각한다. 그들의 마음속에 믿음이 부족했던 탓이다.

신앙이 없는 곳에는 기적도 없다. 그래서 예수는 베드로가 정말로 믿는다면 그 역시 물 위를 걸을 수 있을 것이라고 말한다. 예수의 기적은 그 자체만으로 행해지는 것이 아니라 항상 신앙 및 계시와 연결되어 있다. 기적이 인간을 신앙으로 이끄는 것이 아니라 신앙 자체가 기적이다. 이런 관점에서 기독교 교회들은 복음서 저자들이 공들여 쌓아 놓은 예수의 이미지, 즉 이교도적인 심리 치료사와 마법사 이미지를 의도적으로 떨쳐 버렸다. 1933년 신교 신학자 루돌프 불트만Rudolf Bultmann, 1884~1976은 오로지 예수의 말씀만을 복음의 중심에 세우면서 예수를 둘러싼 기적의 전설로 지은 신화의 감옥에서 자신의 교회를 해방시키기 위해 노력했다. 불트만은 이렇게 말했다. "전기의 빛과 라디오를 사용하면서 『신약』의 유령 세계와 기적 세계를 믿을 수는 없다." 오늘날 복음 신학은 약간 다르게 본다. 예수가 오로지 영적인 힘으로 치료를 했다는 사실이 현대 과학에 위배되는 주장이 아니라고 말이다. 의학이 발달한 현대에도 의학으로 설명할 수 없는 방법으로—특히 암 같은—질병을 치유한 사례가 적지 않다. 의학자들은 이를 두고 '자연 치유'라고 부른다. 물론 암 환자 10만 명 중 한두 명에게서 일어날 정도로 아주 드문 현상이기는 하다.

이런 배경을 생각한다면 주로 가톨릭 국가들에서 계속 들려오는 기적의 소식에 교회가 기뻐하기는커녕 극도로 회의적인 반응을 보이는 것이 충분히 이해가 간다. 기적은 더 이상 괴테의 『파우스트』에 나오는 표현대로 '신앙의 어여쁜 아이'가 아니다. 과거에는 기적이 가장 힘세고 가장 믿을 수 있는 동지였을지 몰라도 현대 신학에 기적은 정말로 난감한 일이 되어 버렸다. 19세기와 20세기에 들어 자연 과학이 발달하면서 기적의 횟수도 급속히 감소했다. 과학의 환한 빛을 내리쬔 신학 역시 마침내 어떤 사건을 (아직) 설명할 수 없다는 이유만으로 기적이라고 부를 수는 없다는 사실을 깨닫게 된 것이다.

그리하여 가톨릭교회는 신의 불가해함을 입증하는 신호로, 자연 공간을 완전히 벗어난 사건만을 기적으로 인정한다. 예를 들어 중병이 든 사람이 순례를 다녀온 후 나았다면 그건 기적이 아니다. 갑작스럽게 건강을 회복한 이유가 그 사람 자신에게 있을 수도 있기 때문이다. 아니면 순례지의 공기가 아주 좋았던지.

그렇다면 가톨릭교회가 인정한 기적은 어떤 것일까? 교회는 무엇을 진짜 신의 계시로 보는 걸까?

우선 기적 여부를 판단하는 독립된 기관이 있다. 이 기관은 어떤 놀라운 사건이 일어나면 그 사건이 역사적 사건처럼 과학적으로 정확하게 입증할 수 있는 사건인지 판단을 내린다. 다시 말해 확실히 일어난 사건이어야 한다는 것이다. 이런 사실성이 한 치의 의혹도 없이 확정된 경우 그 다음으로 사건의 원인을 따진다. 누가, 무엇이 이 일을 일으켰는가? 자연법칙에서 벗어난 것 같다고 해서 전부가 기적은 아니다. 인간이 자연의 모든 것을 설명할 수 있는 것은 아니기 때문이다. 과학 역시 이해할 수 없는 이상한 사건이라는 것만을 확인해 줄 수 있을 뿐이다. 그리고 그런 경우에만 기적일지도 모른다는 생각을 해 볼 수 있는 것이다.

기적은 자연법칙을 무효화하지 않는다. 오히려 기적은 자연법칙을 전제로 삼는다. 자연법칙을 기반으로 삼아야만 어떤 사건이 자연법칙의 바깥에 있다는 사실, 다시 말해 기적이라는 사실을 의미 있게 확인할 수 있다. 기적의 원인은 늘 똑같다. 신이다. 인간은 '신의 도구'로 이용되는 간접적 원인일 뿐이다.

신이 인류를 잊었는가, 인류가 신을 잊었는가?

기적 여부를 판가름하는 마지막 결정과 판단은 교회에 달려 있다. 그리고 교회는 이런 일에서 아주 정확하게 행동한다. 가톨릭 세계에서 가장 유명한 기적의 장소로 알려진 프랑스의 루르드 샘은 교회가 인정한 65회의 기적을 낳았다. 루르드에서 일어난 모든 기적은 자연 치유였다. 열네 살 소녀 베르나데트가 그곳 동굴에서 여러 차례 성모 마리아를 보았던 1858년부터 센 횟수다. 이 가운데 3

❖ — 성모 마리아가 발현하고 샘물이 치유의 기적을 일으킨 것으로 알려진 루르드의 샘물. 동 그라미 속은 발현한 성모를 여러 차례 만난 소녀 시절의 베르나데트. 이후 수녀가 되고 성녀로 추앙받았다.

분의 2가 제1차 세계 대전 이전에 일어났고, 13회는 제2차 세계 대전 이후 종교적인 분위기가 강했던 시대에 일어났다. 이후로는 단 3건 뿐이다. 마지막 기적이 일어난 해는 1976년이다. 지난 40년 동안 루르드에서는 단 한 번도 기적이라고 할 만한 일이 일어나지 않았다. 생각을 해 봐야 하는 대목이다. 신이 기적의 신호를 보내고 싶은 의욕을 상실해 버린 걸까? 아니면 기적의 전제가 되는 신앙이 부족한 걸까?

가톨릭교회는 기적 여부를 판단할 때 많은 시간을 들인다. 1976년에 일어난 사건을 기적으로 인정한 해가 1989년이었다. 신중할 수밖에 없는 이유가 있다. 오랜 시간 가톨릭 세계에서는 성모 마리아현시, 기적의 샘, 피 흘리는 마리아 상, 피 흘리는 성체, 피 흘리는 나무 등 불가사의한 현상이 일어났다고 거짓 선전하며 뻔뻔하게 돈벌이를 했던 사기 행각이 아픈 기억으로 남아 있기 때문이다. 특히 유럽 남부를 중심으로 마치 기적이 세상에서 가장 자연스러운 현상이라도 되는 양 수많은 기적의 장소가 등장했다. 기적에 중독된 사람들이 떼거리로 몰려들었고, 말 그대로 본격적인 '기적 관광 사업'이시작되었다.

그렇다고 해서 기적에 대한 믿음을 싸잡아 비난할 수는 없다. 기적을 바랄 정도로 어려움에 처해 보지 않은 사람이 몇이나 되겠는가? 그들의 바람은 인간적이다. 그 바람 자체가 미신인 것도 아니다. 미신은 간절한 소망을 품은 사람에게 종교가 의심스러운 방도를 제안하고, 상대가 이를 수락하여 돈이나 기타 대가를 건네는 순간 시작된다. 하지만 진짜 신앙과 미신의 경계가 어디인지 누가 판단할수 있단 말인가. 5,000년 전의 사람들에게는 진짜 종교였던 수많은현상들이 지금 우리의 눈으로 보면 한심한 미신일 수 있다. 지금 우리의 종교 형태도 5,000년 후의 사람들에게는 말도 안 되는 미신으로 비칠지 누가 알겠는가?

다른 사람을 미신에 현혹되었다고 책망하는 건 껄끄러운 일이다. 모든 신앙에는 미신적 요소들이 숨어 있고 심지어 겉으로 드러나기도 하는 법이다. 어쩌면 미신은 진정한 신앙의 일부일지도 모른다. 가장 품질 좋은 포도주도 물에서 나오는 법이니까.

- ❖ 인간의 지식수준이나 경험으로는 설명 불가능한 일을 기적이라 부른다. 기적은 신앙을 부추기는 강력한 동기가 될 수 있지만 미신도 함께 촉발한다.

- ❖ 정신이 자유로운 상태에서 냉철한 이성의 눈으로 바라볼 때라야만 신앙과 미신을 판가름할 수 있다. 신은 결코 이성을 상실하고 자아를 망각한 자를 원하지 않는다.

- ❖ 기적은 결코 신앙의 대가가 아니다. 이 세상과 신앙 그 자체가 이미 기적이기 때문이다.

- ❖ 한때 가톨릭 세계에서는 기적이 흔했다. 기적에 중독된 신도들이 몰리면서 이른바 '기적 관광 사업'이 성행하기도 했다. 때문에 가톨릭교회는 '기적'에 대해 대단히 신중하고 보수적인 입장을 취한다.

- ❖ 가톨릭교회가 공식적으로 인정한 기적의 횟수가 나날이 줄어들고 있다. 신이 인류에게 보내는 신호가 약해진 걸까, 아니면 인류의 신앙이 약해진 것일까?

예수는 신일까, 인간일까

제자들은 예수를 신으로 여겼을까?

어린 시절 늘 예수가 마음에 걸렸다. 신의 아들로서 기적을 일으킬 수 있는 그가 인간에 의해 죽음을 맞다니……. 나는 십자가에 못박힌 그를 참을 수가 없었다. 죽음에 이르기까지 그가 보인 무력함은 전지전능한 신에게는 도저히 어울리지 않는다고 생각했다. 그리고 이런 생각을 바탕으로 또 하나의 생각이 싹을 틔웠다. 예수는 신의 아들이 아니라 그저 세상을 개선하고 싶었던, 신이 이용한 특별한 인간이었을 뿐이라고. 하지만 상관없었다. 예수가 신의 아들이건 그냥 인간에 불과하건, 아니면 둘 다이건 그는 나의 연민을 불러일으켰다. 지금도 그러하다. 예수는 나의 마음을 아프게 한다. 특히 신으로서의 그는 내 마음을 더욱 아프게 한다.

예수가 자신을 신의 혈육이라고 주장했을 리 만무하다. 유대 신앙이 뿌리 박혀 있는 인간—예수가 그랬다—이라면 그런 생각 자체를 신성 모독으로 여긴다. 신의 옆에 다른 신이 있어서도 안 된다. 설령 그가 아들의 모습을 하고 있을지라도.

성경은 우리에게 이렇게 가르친다. 신은 나눌 수 없는 일자The One라고. 『신약』에서 예수가 "하늘에 계신 아버지"라고 말했다지만, 신앙심 깊은 유대인이라면 지금도 누구나 그렇게 말한다. '세상의 주인'인 신을 창조주 '아버지'로 여기는 것이다. 주님의 기도를 외우는 기독교 신자들 역시 신의 진짜 아들딸이 아님에도 신을 '아버지'라 부른다.

예수의 제자들 역시 자기들의 스승을 신이 현세의 여성과 낳은 '반신'으로 생각하지 않았다. 그것은 유대교와는 거리가 아주 먼 그리스 신의 세계에서나 가능한 일이다. 최초의 '유대 기독교인들'은 자신들의 스승을 기적을 행할 수 있는 열정적인 설교자로, 혁신적 유대교를 설파하는 설교자로 여겼다. '하늘에 계신 아버지'의 신앙을 파괴하고 그리스의 영향을 받은 신흥 종교를 창시하겠다는 생각은 그야말로 예수와는 거리가 멀고도 먼 사상이었다.

그리스 신화와 기독교

예수를 죽음에서 부활하여 하늘로 올라간 신의 아들로 보는 견해는 그리스인 바오로(바울)—특이하게도 예수를 한 번도 본 적이 없

❖ ─ 사도 바오로의 조각상. 기독교도를 체포하고 박해하던 바오로는 신의 음성을 들은 뒤 기독교로 개종하고 열성적으로 기독교를 전파한다. 기독교는 바오로에 이르러 광범위하게 확산되면서 세계 종교로서의 기틀을 다졌다.

었던 바로 그 사도 바오로─에게서 시작되었다. 현세의 여성(마리아)과 함께 아들을 낳은 신이라는 서사 구조는 유대교와의 결별을 의미했다. 그때까지만 해도 예수의 추종자들은 비록 일련의 유대 율법과 거리를 두었지만 스스로를 유대교인이라고 생각하던 유대 종파의 일원이었다. 그리스 신화에서는 신이 현세의 여성과 아이를 낳는 것이 너무나도 당연한 일이었고, 따라서 그리스 문화권 출신 유대인인 바오로 역시 그러한 신화 구조에서 영감을 받았을 것이다.

바오로에 이르러서야 유대인 예수는 그리스 문화의 영향을 받은 그리스도가 되었다. 그리스도의 부활이라는 바오로의 관념도 신과 반신들이 한동안 하계로 추방당하거나 자발적으로 하계로 내려갔

다가 다시 돌아오는 고대 그리스 신화의 서사 구조에서 영향을 받은 것이다. 포도주의 신 디오니소스의 이야기에는 '포도의 신'이 등장한다. 스스로를 '포도나무'에 비유하고는 했던 그리스도와 유사한 점이 상당히 많다. 디오니소스 역시 전 세계가 자신을 숭배하게 되자 하늘로 올라가 신의 우두머리인 제우스의 오른쪽에 정좌한다.

유대인에게는—훗날 이슬람교도에게도—신이 두 존재(아버지와 아들)로 분열된다는 것은 무시무시한 일이었다. 그런데 여기서 멈추지 않고 성령이 추가되어 둘이 셋으로 확대되고, 다시 신의 어머니 마리아가 일종의 반신으로 추가되었다. 유일신이 사위일체(성부, 성자, 성령, 성모)의 성향이 강한 '삼위일체의 신'이 된다. 하지만 이렇게 『구약』의 신을 급진적으로 해석하지 않았더라면 예수의 제자들로 구성된 유대교 분파는 결코 세계 종교가 되지 못했을 것이다. 따지고 보면 예수가 아니라 바오로가 기독교의 '창시자'였다.

예수를 신으로 믿지 않으면 기독교도가 될 수 없을까?

복음서 자체에서는 예수가 신이라는 증거를 찾을 수가 없다. 굳이 찾고자 한다면 예수의 제자들이 그를 유대 민족의 메시아로 여겼다는 점 정도이다. 예수 자신이 스스로를 메시아로 생각했는지는 명확하지 않다.

초기 기독교는 삼위일체 신관 때문에 큰 문제를 겪었다. 예수의 신성을 문제 삼는 종파들이 형성되었다. 예수는 신의 아들이 아니라 가장 고결한 신의 피조물이라고 보았던 4세기의 아리우스파가 대표적인 예다. 아리우스파는 모든 인간 중에서 신의 총애를 가장 많이 받은 예수가 신과 세상을 중재하는 위치에 있다고 주장했다. 그들에 따르면 예수는 인간 이상이지만 신은 아니다. 하지만 아리우스파는 오래가지 못했다.

기독교가 예수를 인간이 된 신으로 보게 된 것은 바오로의 이념이 거둔 숨 막히는 승전 행렬 덕분이었다. 신은 인간의 원죄를 없애기 위해 스스로 희생하고자 인간이 되어 인간에게로 내려온다. 신이 그런 일을 한다는 것은 인간에게 큰 관심을 가지고 있다는 증거다. 신은 예수 안에서 우리 중의 하나가 되었고, 이는 우리 자신을 신격화시킨다. 이것이 기독교의 약속이다.

다만 신의 아들 예수에 관한 문제는 순수한 신앙의 차원이다. 예수는 모세나 부처, 무함마드와 다를 바 없이 인간이었는지도 모른다. 유대교와 이슬람교의 신이기도 한 하느님이 이들 두 종교에서는 아들을 두지 않았다는 사실부터가 예수가 신이라는 주장에 의혹의 그늘을 드리운다. 예수의 문제에서 우리는 종교가 인간의 손을 거쳐 만들어진 것이라는 사실을 확인할 수 있다. 하느님은 문화권에 따라 다른 모습을 취한다. 하지만 각 종교가 자기들만이 유일하게 진짜 신을 관조할 수 있다고 주장하지만 않는다면 그것은 그리 큰 문제가 아니다. 사실 무슨 권리로 그런 주장을 할 수 있단 말인가. 어떤 종교에게도 그럴 권리는 없다. 그러한 권리는 신만이 부여할 수 있지만,

신은 3대 유일신 종교의 분쟁에 개입하지 않는다.

3대 유일신 종교 가운데 단 하나, 기독교만이 예수를 신의 아들로 본다. 진리는 신만이 아신다. 하지만 아마도 3대 종교가 모두 옳을 것이다.

이 글의 제목으로 돌아가 보자. 예수가 신인가, 인간인가 하는 질문은 중요하지 않다. 그런 질문을 하는 종교는 기독교뿐이기 때문이다. 하지만 아리우스파가 입증했듯 예수를 신의 아들이 아니라고 보아도 기독교가 될 수 있다. 아리우스파는 살아남지 못했지만 그러한 사실이 그들의 주장이 틀렸다는 뜻은 아니다. 살다 보면 옳은 것보다 강한 것이 득세하는 경우가 적지 않다. 기독교의 신앙 고백이 예수의 신성에 대한 믿음을 거듭 강조하는 이유도 어쩌면 기독교 초기에 그 문제에 대한 합의를 보지 못했기 때문인지도 모른다.

정리해 봅시다

❖ 예수는 유대인으로 자랐다. 그래서 예수는 스스로를 신으로 여기지 않았을 가능성이 높다. 유일신 교리를 따르는 유대인이 자기 자신을 신의 혈육으로 여겼다는 것은 신앙적 모순이다.

❖ 예수가 '신의 아들'이고 '부활'했다는 교리는 그리스 출신의 유대인 사도 바오로로부터 유래되었다. 바오로는 그리스 신화의 전통을 예수 그리스도의 생애에 덧씌운 것인지도 모른다.

❖ 하느님(유일신)을 믿는 기독교와 유대교, 이슬람교 가운데 기독교만이 신의 아들을 이야기한다. 예수가 신이냐 인간이냐 하는 문제는 옳고 그름의 문제가 아니라 신앙의 문제다. 진실은 신만이 아신다.

왜 종교마다
여러 종파가 있는가

인류사는 길고 세상은 넓으며 종교는 다양하다

우주에 존재하는 모든 것은 변화한다. 종교도 마찬가지다. 탄생하고 변화를 겪다가 소멸한다. 종교마다 시간의 차이가 있을 뿐이다. 인류의 역사 속 수많은 종교가 그러한 운명을 맞았다. 지금 득세하고 있는 종교라고 해서 비슷한 운명을 맞지 말란 법은 없다. 종교가 변하는 이유는 세상이 변하기 때문이다. 억겁의 세월을 견디고도 그대로인 것은 신뿐이다.

종교를 만든 장본인은 신이 아니라 인간이다. 종교의 기원은 어둠의 베일에 싸여 있지만 호모 사피엔스가 처음부터 종교적이었다는 사실은 의심의 여지가 없다. 그러므로 종교의 역사는 최소 10만 년 전으로 거슬러 올라갈 것이다. 물론 초기의 종교가 어떤 모습이었는지는 알 길이 없다. 유적이나 증거가 남아 있지 않으니 말이다.

❖ ― 영국 솔즈베리 평원에 있는 스톤헨지. 기원전 3100년경부터 만들어지기 시작했을 것으로 추정하고 있다. 아직 이 거석 기념물의 쓰임새는 파악되지 않았지만, 종교의 제식과 관련하여 해석하는 의견이 우세하다.

현재까지 남아 있는 가장 오래된 종교의 흔적은 약 5만 년 전의 것들이다. 동굴의 벽화, 부장품, 제식에 사용되었을 것으로 추정되는 각종 물건들…….

　지역에 따라 종교의 모습도 각양각색이다. 이유는 간단하다. 초기 종교는 자연 종교였다. 자연의 힘을 이해할 수 없었기 때문이다. 그 이해할 수 없는 자연의 힘을 납득하기 위해 인간은 자연 현상을 신이나 신의 신호로 숭배하고 두려워했다. 그리고 나름의 제식을 통해 자연의 거대한 힘에 영향을 미칠 수 있으리라 기대했다. 인간은 이해할 수 없는 것들을 현실에 편입시키기 위해 그것들을 신격화했고 그 점에서는 근본적으로 지금까지 달라진 것이 없다.

하지만 5만 년 전 지구의 자연은 오늘날 현대인이 겪는 자연과는 다른 것이었다. 화산 폭발은 화산이 활동하는 지역에서만 일어났고, 바다의 신은 바닷가에 살지 않는 사람에게는 낯선 존재였다. 물론 지구 어디에서나 체험할 수 있었던 자연 현상, 즉 태양, 폭풍, 번개 등은 문화권을 막론하고 신성과 연결된 숭배의 대상이었다. 찬란한 빛을 발하는 태양의 신, 산꼭대기에 앉아 번개를 던지고 천둥을 내리치는 구름 신, 비옥한 땅을 책임지는 대지의 여신……

문화가 발달하면서 지역에 따라 종교의 차이가 뚜렷해졌다. 하지만 차이란 결국 외형의 차이일 뿐이다. 다신을 숭배했던 문화권에서도 그 여러 신들 중에 감각적으로 접근할 수 없는 전능한 유일신이 있었다. 이와 같은 불가해한 신 혹은 세계정신에 다가가고자 하는 노력은 우리 시대에 이르기까지 세계 종교로 남아 있는 모든 종교들의 특징이다. 힌두교, 불교, 도교, 유대교, 이슬람교, 기독교, 이 모두가 브라만, 도, 하느님, 그 어떤 이름을 붙이더라도 상관없이 시공간을 초월하는 전능한 권력의 관념을 공유한다.

한 가지 형태의 신앙만 존재하기에는 세상은 너무도 크고 다양하며 인간은 너무 많고 제각각이다. 철학도 회화도 문학도 음악도 한 가지 방향만 있는 것이 아니다. 종교가 헤아릴 수 없이 많은 방향으로 가지를 치고, 아직도 그 과정이 끝나지 않았다는 사실은 유익했으면 유익했지 해가 될 일은 아니다.

세계적인 종교들은 종교끼리도 다른 모양새를 띠지만 한 종교

안에는 또 다양한 종파가 있다. 인간이—신과의 관계에서도—생각을 멈추지 않는 존재라는 사실을 생각한다면 이 역시 그리 놀랄 일은 아니다. 더구나 원래의 종교 교리들은 과학과 달리 정밀한 표현을 사용하지 않았다. 성서의 언어는 신화적이고 시적이다. 종교는 문학에 근거를 두고 있고, 모든 문학이 그러하듯 해석 가능하다. 아니, 반드시 해석을 요한다. 종교는 종교적 계시를 해석한 것이다. 이는 대부분의 성서들이 종교를 창시한 이가 직접 기록한 것이 아니라는 데에도 원인이 있다. 부처도 예수도 성서를 쓴 적이 없다. 예수가 실제로 무슨 말을 했는지 우리는 알지 못한다. 우리가 아는 것은 그저 복음서 저자인 마태오(마태), 마르코(마가), 루카(누가), 요한이 예수가 했다고 전해져 오는 말을 기록한 내용뿐이다. 유대교의 창시자인 모세 역시 그가 모세오경의 저자인지 확실하지 않다. 모세가 역사에 실존한 인물인지도 파악할 수 없다. 언어가 열린 체계인 만큼 문학에 근거를 둔 종교 역시 열린 정신 체계를 갖추고 있다.

유대교와 이슬람교의 종파

인류사에는 기존의 성서를 나름대로 해석하고 그것을 글로 남긴 위대한 인물들이 적지 않았다. 그리고 이 같은 새로운 해석이 추종자를 얻게 될 경우 종교는 자라는 나무처럼 가지를 친다. 그리하여 철학의 학파와 유사한 종파가 형성되었고, 이 종파들은 서로 대립하

❖ — 힌두교는 일일이 세기 힘들 정도로 많은 신을 두고 있다. 대부분의 동양 종교가 그러하듯 힌두교 역시 통일성이나 획일성을 추구하지 않기 때문에 저마다 다양한 신앙 형태를 취한다. 힌두교에는 신자 수만큼이나 종파가 있다는 말은 그래서 나왔다.

거나 적대 관계에 놓이기도 했다. 하지만 종파의 충돌과 대치는 각 종파들이 원전을 바르게 해석한 종파는 자기네뿐이라고 주장할 때에만 일어났다. 아시아의 종교들, 특히 힌두교나 불교는 서양의 유일신 종교에 비해 그런 문제를 덜 겪었다. 동양 종교들은 본성상 변화와 다양성을 추구한다. 극단적으로 표현하면 힌두교는 신자 수만큼 다양한 종파가 있다고 해도 무방할 정도다. 누구나 이 한량없는 믿음의 보고寶庫에서 자기만의 변형을 만들어 낼 수 있고, 누구도 그것에 불쾌감을 느끼지 않는다. 때문에 아시아의 종교들은 지금까지도 종교끼리는 물론이고 종파 간에도 너그럽게 서로를 인정하고 용인한다.

힌두교는 인도의 국경을 넘어서지는 못했지만, 인도 내에서는 지역에 따라 정말로 다양한 종파를 양산했다. 반대로 인도에서 뿌리를 내리지 못한 불교는 아시아 전체, 특히 동북아시아로 퍼져 나가면서 다양한 형태로 발전했다. 불교가 이처럼 확대될 수 있었던 것은 낯선 타국에서 종교가 겪을 수 있는 모든 역경을 자발적으로 감수한 승려들 덕분이었다. 불교는 불교를 접한 모든 민족에게서 그들에게 걸맞은 형태로 변화했다. 이 개방적이고 철학적인 부처의 가르침은 현재 기독교의 영향력이 막대한 서양에서도 많은 이들의 관심을 끌고 있다.

이에 반해 유일신 종교(유대교, 기독교, 이슬람교)는 동양의 개방적인 종교에 비해 폐쇄적인 신앙 체계를 구축했을 것이라고 생각하기 쉽다. 유일신은 하나의 신앙 형태만을 요구하기 때문이다. 하지만 사실은

170

❖ ─ 유대교 경전인 『토라』. 과거에는 돌돌 말았다가 펼치는 스크롤 형태로 만들었지만 오늘날에는 일반적인 책 형태로 만들기도 한다.

그렇지 않다. 하나의 신을 믿는 방법은 아주 다양할 수 있다. 유대교는 이 3대 종교에서 가장 폐쇄적이다. 아마도 유대교 신앙의 진리 전체가 『토라』(모세오경)에 기록되어 있다는 사실과 관련이 있다. 한마디로 복잡한 신학이 필요 없는 것이다. 하지만 유대교에도 『토라』를 자구대로 해석하는 엄격한 정통파, 현대 사회에 적응한 자유파, 양극단을 중재하는 보수파 등 『토라』를 어떻게 해석하느냐에 따라 여러 종파로 나뉜다.

이슬람교 역시 통일성을 엄청나게 중요시함에도 『쿠란』을 해석하는 입장의 차이로 인해 거듭 분열했다. 하지만 이슬람교의 종파 분열에는 일정한 한계가 있다. 흥미로운 사실은 이슬람교는 종교적 이견 때문이 아니라 국법상의 문제로 인해 종파가 갈라진다는 점이다. 이슬람교가 처음부터 세속적 권력과 밀접한 관계를 유지했다는 사실을 다시 한 번 확인할 수 있는 대목이다.

시아파와 수니파의 갈등은 누가 적법한 칼리프, 즉 선지자 무함마드의 후계자인지를 두고 불거진 문제였다. 더구나 페르시아(이란)에 가장 먼저 자리를 잡은 시아파는 페르시아 전통 종교의 사상을 자신들의 신앙 체계에 수용했고, 이에 수니파는 순수 교리를 훼손했다고 비난하면서 시아파와 투쟁을 벌였다. 실제로 이슬람 세계의 종파 간 갈등은 그 골이 너무 깊다. 수니파와 시아파는 서로를 '카피르(불신자)'라고 부르며 저주한다. 때문에 이라크 수니파 테러리스트들은 아무런 거리낌 없이 시아파 형제들을 살상했다.

시아파 자체도 다시 여러 개의 그룹으로 나뉜다. 그 와중에 거의 독립된 새로운 신앙 운동으로 볼 수 있을 정도로 무함마드의 이슬람교에서 멀리 떨어져 나간 분파도 있다. 762년에 죽은 7대 이맘(이스마일)을 내세우는 이스마일파가 그런 분파다(시아파의 이맘은 제1차 세계 대전 중 오스만 제국이 해체된 뒤 사라진 수니파의 '칼리프'에 해당하는 무함마드의 후손이다). 이 이스마일파는 다시 여러 개의 분파로 분리되었지만, 현재 이들 분파는 하나도 남아 있지 않다.

이와 달리 아랍 출신의 신학자 무함마드 이븐 압둘 와하브 Muhammad ibn Adb-al-Wahhab, 1703~1792의 개혁 운동은 지금까지도 영향력이 상당한 이슬람교 분파를 형성했다. 창시자의 이름을 따서 와하브파라 불리는 이 분파의 추종자들은 '개혁 운동'이라는 명칭이 무색할 정도로 고대 아랍의 형법을 엄격하게 준수함으로써 원래 형태의 이슬람교를 부활시키고 『쿠란』 이후의 모든 개혁을 철회하자는

❖ — 와하브 운동을 주도한 무함마드 이븐 압둘 와하브의 이름을 붙인 모스크다. 이슬람교는 우상 숭배를 극단적으로 금하고 있기 때문에 다른 종교에서는 흔한 성상이나 성화조차 없다. 모스크에 지도자의 이름을 붙인 것도 예외적인 경우다.

목표를 추구했다. 그래서 이들은 성자는 물론 이슬람교 창시자인 무함마드에 대한 과도한 숭배도 단호히 거부한다. 현재 와하브파의 교리는 사우디아라비아의 국교가 되었고, 그곳을 거점으로 전 이슬람 세계로 진출하고 있다. 급변하는 세계를 종교의 댐으로 막으려는 마비된 신앙 체계의 대표적인 실례라 할 수 있다.

이슬람 시아파에서 나온 드루즈교처럼 이슬람의 영향을 강하게 받았지만 이슬람에 편입되지 않는 소수 종교들도 수없이 많다. 드루즈교는 현재 레바논 남부의 남시리아와 북이스라엘 지역에서 약 10만 명의 신자를 거느리고 있다.

기독교 세계에 유독 종파가 많은 이유

앞서 유대교와 이슬람교를 거론했지만, 유일신교 중에서 종파가 다양한 것으로 치자면 기독교를 따라올 종교는 없다. 아마도 서구의 문화적 전통이 의심이 많고 어떤 주장이 제기되면 그 배후를 캐고자 하는 경향이 강하기 때문일 것이다. 물론 기독교 자체가 의혹의 소지를 안고 있다. 그 대담한 교리만 보아도 그렇다. 창시자를 신의 아들이라고 주장하는 종교는 어디에도 없다. 사도 바오로(서기 64년에 사망)에서 시작된 이 교리는 초기부터 기독교의 분열을 가져왔다. 예수를 신의 아들이라고 보는 쪽과, 이런 시각이 이교도적인 착각이라고 거부하는 쪽으로 기독교를 나누어 놓았던 것이다.

그리스 신들의 세계에서는 신들이 인간과 사랑을 나누어 후손(반신)을 낳는 경우가 흔했다. 바오로는 아직 유대교의 영향이 강했던 초기 기독교를 이미 몰락한 그리스 문화(헬레니즘 문화)의 세계로 이끌었다. 유대교의 분리할 수 없는 유일신을 두 존재(아버지와 아들)로 나누었고, 다시 여기에 제3의 존재인 성령을 첨가했다. 바오로를 통해 그리스 문화는 초기 기독교에 아주 강력한 영향을 미쳤고, 그 결과 기독교는 유대교의 유산을 벗어던질 수 있었다. 이러한 바오로의 종교 사상은 반대파와의 수백 년에 걸친 투쟁을 예고했다. 예를 들어 아리우스Arius, 256?~336는 그리스도는 신과 같지 않고 영원하지도 않으며, 그저 신의 가장 우수한 피조물일 뿐이라는 교리를 펼쳤다. 그리스도가 '로고스'로서 신과 세상을 중계하는 위치에 있다는 것이다.

니케아 공의회325와 콘스탄티노플 공의
회381는 이 아리우스의 교리를 이단으
로 규정하고 가톨릭교회에서 추방했다.
그럼에도 그의 교리는 16세기에 이르
기까지 여러 게르만 부족들에게 영향을
미쳤다.

　어떤 종파가 승리하느냐는 교회 권
력의 문제다. 어쩌면 우리는 예수를 신
의 아들로 숭배하지 않고 신의 선지자
로 여기는 기독교를 믿게 되었을 수도
있었다. 그랬더라도 기독교가 지금처럼
서구 사회에서 승리를 구가했을까? 알
수 없는 일이다.

❖ ― 아리우스는 이집트 알렉산드리아 출신
의 기독교 성직자이자 신학자였다. 그는 예
수의 신성을 인정했지만 성부와 인간 사이
에 놓인 피조물로 보았다.

　기독교의 성서인 『신약』은 통일된
책이 아니다. 네 사람의 복음서 저자가 각기 나름대로 예수의 역사
를 기록했다. 제5의 복음서라고 불리는 「토마스 복음서」는 예외로
치더라도 복음서의 저자가 네 명이나 된다는 사실은 신앙의 방향이
다양할 수 있는 충분한 근거가 된다. 현재 토마스 기독교는 인도 남
부에 몇 백만의 신자가 있다.

　「토마스 복음서」의 문제에서 우리는 기독교가 교회의 이해관계
에 따라 움직이는 신앙이라는 사실을 알 수 있다. 교부들은 수많은
초기 기독교 성서들을 '틀렸다'라며 배격했다. 사람들은 이 성서들

을 '성서 외전'이라는 이름을 붙여 불결한 구석 자리로 몰아 버렸다. 2세기경 예수의 잠언들을 묶어 시리아에서 탄생한 「토마스 복음서」도 이런 성서 외전에 포함되었다. 주목해야 할 부분은 다른 성서 외전들처럼 이 책들이 기독교 성서에 포함되지 못했던–그래서 결국 잊히고 사라지게 된–이유다. 그 이유는 교회가 대립하는 여러 교리들을 그 자체로 용인하지 않고, 하나의 교리를 유일한 교리로 격상시키면서 남은 교리들을 희생시켜 버렸기 때문이다.

「토마스 복음서」는 「요한 복음서」와 상당히 배치된다. 토마스는 모든 신자들의 마음속에서 이미 신의 지배가 시작되었노라고 선언했다. 그래서 신자는 이미 존재하는 '빛'을 발견하기만 하면 되며, 예수가 그 빛으로 인도한다고 말한다. 반면에 요한은 신의 왕국이 신자의 마음속에서 열릴 수 있으려면 예수를 따라 금욕하고 세상으로부터 등을 돌려야 한다고 주장한다. 교회는 요한의 손을 들어 주었다. 그래야만 신자들을 교회의 도움을 받아 구원을 얻어 내야 하는 참회자로 만들 수 있었기 때문일 것이다. 토마스의 교리대로라면 신자는 이미 신에게 빛을 받은 자이기에 별도로 교회의 지시를 따를 필요가 없다. 토마스의 교리는 인도 전통 종교의 정신과 잘 맞아떨어졌다. 때문에 인도에는 지금까지도 토마스 기독교 신자들이 적지 않다.

종교가 가지를 치는 것은 근본적으로는 긍정적인 일

자기네만이 유일한 진리로 이끈다고 주장하는 기독교 교회는 처음부터 대립과 이탈의 욕구를 일깨웠다. 따라서 기독교의 역사는 초기부터 종파 박해의 역사이기도 했다. 기독교의 역사를 살펴보면 신학자와 교회가 격렬하게 대립했던 사례가 넘쳐난다. 그런데 사실 따지고 보면 아주 미미한 지점의 이견일 뿐 결국에는 모두 동일한 기본 관점에 기초를 두고 있다.

기독교와 달리 힌두교는 앞에서도 말했듯 자기네를 유일한 진리라고 주장하지 않는다. 상상할 수 있는 모든 경배의 형태가 신을 향한 인간의 노력이라고 보기 때문에 그 모두를 다 용인한다. 따라서 힌두교에서는 분파가 큰 의미가 없다. 반면에 기독교는 배타적이고 독점적이다. "신의 영예와 인간의 구원을 앗아 가는 오류"를 절대로 용인하지 않는다. 원래부터 기독교는 신으로 향하는 길은 단 하나뿐이고 그 길은 교회가 정한다고 보았다. 아주 일찍부터 교회의 권위화가 시작되었고, 교회가 참과 거짓을 정했다. 이러한 '진리의 규준'은 2세기에 살았던 리옹의 이레나이우스 주교가 도입하여 니케아 공의회에서 승인받은 것으로, 그 이후 다양한 형태의 기독교 분파들이 고립당하고 정죄되었으며, 세력이 강할 경우에는 잔인한 박해를 받았다. 12세기, 20년 전쟁 와중에 말 그대로 멸종당한 카타리파(알비파)가 대표적인 경우다.

하지만 잔혹한 박해도 분파를 막지는 못했다. 현재 기독교 종파의 숫자는 헤아릴 수 없이 많다. 매일 새 종파가 생긴다 해도 과언이 아니다. 특히 아프리카의 기독교 종파 조직들이 골칫거리다. 1만 개가 넘는 종파와 자유 교회들이 있고, 대부분은 지난 몇 십 년 동안 생겨난 것이다. 이들은 특히 대도시 빈민 지역을 근거지로 삼으며, 독재적이고 인간 경시적인 성향이 강하다.

하지만 이런 종파 조직의 부정적 현상만 제외한다면 원칙적으로 분파는 긍정적인 상황이라는 사실을 잊지 말아야 한다. 분파는 "교회 밖에서는 구원이 없다"는 견해를 반박하는 일종의 신앙적 저항이니까 말이다.

종교인의 영혼은, 더구나 열과 성을 다해 신앙을 얻으려 노력하는 사람이라면, 신에게로 가는 힘겨운 길은 결국 누구나 저만의 방식으로 걸어가야 하는 것이며, 그 길은 하나가 아니라 수없이 많다는 사실을 느끼게 될 것이다. 무엇보다 기독교 교회 스스로가 유대교의 분파였다는 사실을 잊지 말아야 하다. 경직된 가톨릭교회에 저항했던 마르틴 루터의 종교 개혁 역시 처음에는 프로테스탄트 분파였을 뿐이다. 그 분파가 새로운 기독교 교회로 성장한 것은 훗날 서서히 이루어 낸 성과다. 이렇게 분파도 세계사에 길이 남을 결과를 가져올 수 있다. 물론 아주 드문 경우지만 말이다.

❖ 인간은 이해할 수 없는 자연 현상 앞에서 '신'을 떠올렸다. 어떤 종교를 막론하고 시공간을 초월하는 전능한 존재를 공유하고 있다.

❖ 서양 종교에 비해 개방적인 체계를 갖춘 동양의 종교는 종파들끼리 대립과 갈등을 덜 겪는 편이다. 반면에 유일신 사상에 토대를 둔 서양 종교의 종파들은 성서를 해석하는 입장의 차이로 인해 격렬하게 충돌하기도 한다.

❖ 이슬람교는 특이하게도 성서 해석과 교리뿐만 아니라 국법의 문제로 인해 분열되는 특징을 보인다. 이러한 사실은 이슬람교가 세속적 권력과 밀접하게 관련을 맺고 있다는 점을 드러낸다.

❖ 유일신 종교 가운데 종파가 가장 많은 종교는 기독교다. 기독교는 교리 체계에서부터 갈등과 분열의 씨앗이 자라고 있었다. 게다가 『신약』의 경우 복음서의 저자가 네 명인 것에서 보듯 성서의 통일성이 약했다. '성서 외전'이라고 불리는 나머지 복음서들은 교회의 판단에 따라 성서에서 탈락되었다. 어떤 종교에서나 그렇듯, 종파의 성패는 옳고 그름이 아니라 권력에 의해 결정되었다.

❖ 획일화되고 배타적인 신앙 체계에 저항한다는 의미를 담고 있기에 종파가 생겨난다는 것은 근본적으로는 긍정적인 일이다. 따지고 보면 기독교는 유대교의 분파였고, 개신교도 기독교의 한 분파에서 출발한 것이다.

3부

왜 종교는
서로 사이가 좋지
않을까?

과학과 종교는 반목할 수밖에 없는 걸까

역사 속의 위대한 과학자들은 왜 신을 믿었을까?

자연 과학에 대해서 아는 것이 인생의 의미를 찾는 데 도움이 될까? 종교인 중에는 그렇지 않다고 생각하는 사람들이 꽤 있는 것 같다. 인생의 의미는 신의 영역에 속하고, 신은 자연 과학의 대상이 아니니까. 그리고 자연 과학은 신에 관한 것을 입증하거나 반박할 만한 좋은 수단이 되지 못한다. 신은 자연법칙의 지배를 받지 않는 유일한 정신적 실체이기 때문이다.

하지만 자연법칙 자체가 이미 신성을 표현하고 있는 것은 아닐까? 위대한 작가 괴테도 그 점에 대해서 생각했다. 신은 자연을 통해 스스로를 규명하고 있지 않은가? 자연 과학을 통해 드러나는 세계의 모습은 결국 신의 상像이 아닌가?

실제로 자연 과학에 빠져들수록 보편 정신을 더욱 확연하게 깨닫게 된다. 그리고 그 어떤 것도 보편 정신을 창조자의 정신으로 생각해서는 안 된다고 막지 않는다. 이 창조자의 정신—자연의 신성이라고 부를 수도 있다—은 추상적인 동시에 명료하고 정확한 언어, 즉 수학의 언어를 통해서 표현된다. 자연의 광대한 부분을 설명해 주는 수학은 신의 언어라고 할 수 있다. 음악도 수학적 구조를 취한다. 하지만 그렇다고 해서 신이 수학적인 것으로 끝나지는 않는다. 신은 최고 단계의 수학마저도 도달하지 못할 마지막 비밀이다. 비밀이 없는 세상에서 살고 싶은 사람이 어디 있겠는가? "세상이 비밀을 숨기고 있다는 느낌이 인류에게서 사라진다면 모든 것은 끝이다." 유대인 종교학자 게르숌 숄렘Gershom Scholem, 1897~1982의 말이다.

자연 과학은 신을 밀어내지 않는다. 그러고 싶어도 그럴 수가 없고, 그러고 싶은 의지도 없다. 오히려 자연 과학은 의도하지 않은 가운데 자연의 가장 심오한 비밀이 종교에서 말하는 신적인 것과 맞닿아 있다는 사실을 보여 준다. 신이 '부피와 수와 무게'에 따라 세상을 창조했기에 자연 과학은 그 창조의 계시를 드러낸다. 위대한 물리학자 막스 플랑크Max Planck, 1858~1947는 이렇게 말했다. "종교인에게는 시작에 신이 있고, 과학자에게는 마지막에 신에 관한 성찰이 있다."

자연 과학과 종교는 동일한 목표를 추구한다. 인식과 깨달음의 문을 여는 것! 이를 통해 인간은 이 우주에 몸담고 있는 자신의 현존과 세계 속 자신의 위치를 깨닫게 된다. 자기를 인식한다는 것은 종교는 물론 자연 과학의 추동력이기도 하다. 자연 과학에서 진행하는 관찰과 실험은 자기 관찰이자 자기 탐구다. 그냥 하늘을 쳐다보건

❖ ― 16세기의 가톨릭 수사이자 과학자였던 지오다노 브루노의 동상. 브루노는 지구 중심의 우주관을 거부하고 태양 중심의 우주관을 주장했을 뿐만 아니라, 우주에는 수많은 태양계가 있으며, 우주는 무한하다는 이론을 제시했다. 그는 종교 재판을 받으며 "무한한 우주를 통해 하느님의 무한한 사랑이 드러난다"고 맞섰다. 결국 그는 이단 판결을 받고 입에 재갈이 물린 채 화형을 당했다.

망원경을 들여다보건 별을 바라본다는 것은 자기 자신을 들여다보는 행위이다. 현미경으로 아주 작은 생명체의 세상을 들여다볼 때도 마찬가지다. 우리가 그것을 보면서 경탄한다는 것은 물리학을 넘어서는 어떤 현상을 목격하고 거기에 감동하여 순간적으로 멈칫한다는 뜻이 숨어 있다. 자연 과학은 늘 미세하고 신비로운 어떤 것을 보고서 놀라고 경탄하는 상태에 우리를 붙잡아 둔다.

　자연 과학에서는 정확하게 관찰하고 관찰한 내용을 해석하는 것이 중요하지만, 그 못지않게 경외감과 존경심을 갖는 것도 중요하다. 자연 과학은 고매한 정신과 하나가 될 수 있는 길을 보여 준다. 그리고 그 자체가 길어도 길어도 마르지 않는 정신의 샘이 된다.

정신적·종교적 특성은 지知와 미지未知의 경계에서 저절로 드러나는 법이다. 자연 과학은 신에 대해, 신성에 대해서는 아무것도 말할 수 없음을 안다. 과학자들은 자신이 진행하는 연구의 효력 범위를 정확히 알고 있다. 그들은 알아낸 것과 설명이 끝난 것 옆에는 아직 알지 못한 것, 설명하지 못한 것이 여전히 엄청나게 많이 남아 있다는 사실을 굳이 숨기지 않는다.

자연 과학은 절대 종교에 적개심을 품지 않는다. 이러한 사실은 수많은 자연 과학자들—피타고라스에서 쿠사누스, 니콜라우스 코페르니쿠스, 갈릴레오 갈릴레이, 아이작 뉴턴, 다윈을 거쳐 플랑크, 아인슈타인, 에어빈 슈뢰딩거, 베르너 카를 하이젠베르크, 카를 프리드리히 폰 바이츠제커에 이르기까지—이 종교인이었다는 사실에서도 확인할 수 있다. 신앙심은 자연 과학적 탐구 정신을 가로막지 않는다. 오히려 자연 과학을 통한 인식이 신앙심을 더욱 부채질할 수도 있다.

종교가 과학을 억압할 때 일어나는 일

인간은 스스로에게 '호모 사피엔스'라는 이름을 붙였다. '지혜로운 인간', 나아가 '현명한 인간'으로 번역할 수 있는 이름이다. 지혜는 지식보다 많은 것을 내포한다. 경험이 포함되며, 거기에는 신앙적 경험도 포함된다.

인류 역사에서 자연 지식과 종교적 신앙심은 동시에 등장했을 것으로 추정된다. 어쩌면 신은 인간에게 세상과 창조자를 같이 인식하라고 큰 뇌를 주었는지도 모른다. 원래부터 자연을 이해한다는 것은 종교적 이해와 맥을 같이했다. 고대 이전의 사회에서는 많이 아는 사람이 사제 역할을 맡았다. 한 사람이 현자이자 의사이며 성자였던 것이다.

지난 5,000년을 돌이켜보면 인간의 지식이 늘어난 만큼 종교의 영향력은 줄어들었다는 인상을 받게 된다. 특히 계몽주의 시대에, 이성에 대한 믿음이 신에 대한 믿음을 추방한 듯 보인다. 신앙의 자리를 지식이 밀고 들어와 차지했다. 종교의 입장에서 볼 때 유럽이 계몽주의와 함께 걸었던 길은 돌이킬 수 없는 것이었다.

이제 『성경』이나 『쿠란』이 전해 주었던 과거의 종교관은 완전히 새로운 해석을 필요로 한다. 2,000년 전의 인간에게 신성했다고 해서 지금의 우리에게도 반드시 신성한 것일 수는 없다. 신성 역시 변화한다. 오늘날의 우리는 번개와 천둥을 신의 신호로 이해하지 않는다.

사실 계몽주의와 이성이 약화시킨 신앙심은 현대의 지식과 완전히 배치되는 부분에 국한된다. 또 이성이 신앙을 약화시켰다고 해서 나쁘게 생각할 것도 아니다. 무지한 신앙은 허약한 신앙일 수밖에 없기 때문이다. 현재의 이슬람권이 그런 상황에 처해 있다. 과거 이슬람 공동체는 교육의 장소였기에 문화적으로 강성했다. "읽어라!"

❖ ― 10~11세기에 활동했던 이슬람과 페르시아의 철학자이자 의학자였던 이븐 시나(아베센나). 그는 그리스와 아라비아의 철학과 의학을 집대성하여 수많은 저서를 남겼다. 이슬람에는 이븐 시나와 같은 학자들이 정력적으로 활동했는데, 중세에 그리스-로마의 학문적 성과를 보존한 것은 유럽이 아니라 이슬람 세계였다는 평가가 지배적이다.

그것이 무함마드의 계명이었다. 『쿠란』은 무엇을 읽어야 할지 제한하지 않았다. 따라서 과거 이슬람교도들은 그리스의 자연 과학자·수학자·철학자들의 저서를 읽었고, 고대 페르시아, 인도, 중국인들의 저서를 연구했다. 그 결과 이슬람 세계에서는 자연 과학과 수학이 엄청나게 발달했다. 이슬람은 새로운 천문학과 지리학을 발전시켰고 수학의 곁가지들을 뻗어 나가게 했다.

하지만 15세기에 이르러 이슬람 종교학자들이 자연 과학에 제동을 걸었다. 앞으로는 『쿠란』에 씌어 있는 것만 보아야 한다는 것이다. 결과는 정신적 후퇴로 나타났다. 유럽이 르네상스에 돌입하면서, 그동안 기독교가 가로막았던 자연 과학과 수학적 지식을 열렬히 섭렵하기 시작한 바로 그 시기였다. 두 세계의 격차가 벌어질 수밖에 없었다.

이슬람 세계는 지금까지도 과학에 대한 적개심에 사로잡혀 지식에 바탕을 둔 현대 세계와의 접목을 거부하고 있다. 『쿠란』에서 알라는 정신의 지평을 사방으로 넓혀 나가 인간을 도와야 한다고 하는데도 말이다.

자연 과학의 지식을 접할수록 신은 훨씬 더 위대해지고 불가해해진다. 신은 현대 과학이 풀려고 애쓰는 모든 질문의 중심에 자리한다. 진정한 종교는 현대 지식의 방문을 걸어 잠그지 않는다. 놀랍게도 그 지식 안에 신이 현현하기 때문이다. 종교가 거부한다고 해서 자연 과학을 제압할 수 있는 것이 아니라는 사실을 종교인들은 알아야 한다. 동시에 자연 과학의 진리가 온전한 진리가 아니라는 사실도 알아야 한다. 과학도 알고 있다. 마지막 진리는 신에게 있다는 것을. 그것이 어떤 진리인지 아직 우리가 알지 못한다 하더라도.

❖ 자연 과학자들은 자신이 알아낸 것과 설명할 수 있는 것 외에 알 수 없고 설명할 수도 없는 것들이 무수히 많다는 사실을 알고 있다.

❖ 자연 현상은 수학을 통해 드러난다. 수학은 신의 언어라 할 만하다.

❖ 무한히 큰 우주와 무한히 작은 마이크로 세계를 관찰하는 것은 곧 우리 자신을 바라보는 행위이기도 하다.

❖ 종교인은 시작 지점에서 신을 만나고, 과학자는 마지막 지점에서 신을 만난다.

❖ 수많은 과학자들이 종교를 가지고 있다.

❖ 한때 세계의 문화와 과학을 이끌었던 이슬람 세계는 15세기 무렵부터 근본주의로 회귀하면서 문명과 결별했다.

❖ 인간의 지식량이 늘어나면서 신앙은 약화되었지만, 자연 과학의 심오한 지식은 오히려 신앙심을 부추긴다.

종교는 왜 물질적인 것을 나쁘다고 할까?

대부분의 종교가 가난하라고 가르치는 이유

종교는 현세의 저편에 있는 정신과 영혼의 문제를 다룬다. 종교가 다루는 것들은 물리학 뒤편에 있는 형이상학의 세계, 다시 말해 감각적 체험을 넘어선다. 신앙의 가치는 돈으로 매길 수도 없다. 거의 모든 종교는 현세에 대해, 내세로 가는 시험 무대 이상의 의미를 부여하지 않는다.

무함마드를 제외한 종교의 창시자 대부분이 현세의 재물에 의구심을 품었다. 재물을 모으는 목적이 재물 그 자체에 있을 경우에는 더더욱 그랬다. 예수는 부자가 천국에 들기는 낙타가 바늘구멍을 통과하는 것보다 힘들다고 단언했다. 이 말에는 부자가 나쁜 사람이라는 의미가 담겨 있다. 왜 예수는 그런 주장을 했을까? 부자는 선한 사람이 될 수 없는 걸까? 물론 부자도 선할 수 있다. 예수가 부자에게 거부감을 가진 것은 사실이지만, 부자는 무조건 나쁜 사람이라는 뜻으로 그런 말을 한 것은 아닐 것이다. 가난한 집안 출신인 예수는 가난한 사람, 추방당한 자들에게서 소속감을 느꼈다. 초기 기독교 공동체가 지위가 낮은 사회 계층—최하층인 노예에 이르기까지—을 중심으로 형성되었던 것은 우연이 아니다. 예수는 늘 영혼의 구원을 생각했다. 예수가 보았을 때 부와 육체의 안락함은 영혼을 갉아먹는 요소였다. 가난한 사람이라고 해서 예외가 아니었다.

거의 모든 종교의 성자들은 재물로 인한 피해를 입는 당사자는 바로 부자들 자신이라고 말해 왔다. 부와 재물은 인간을 신에게서 멀어지게 만들며 신과 인간을 떼어 놓는다고 말이다. 그렇다면 가난하면 저절로 신과 가까워질까? 그렇지 않다. 부자가 재물에 사로잡혀 있듯 가난한 사람은 가난한 처지에 사로잡혀 있다. 가난은 그 자체로는 종교적 가치가 아니라 저주다. 스스로 선택한 가난만이 종교적 가치가 있다. 실제로 잘사는 나라보다 가난한 나라에서 종교가 번성한다(물론 지구상에서 가장 잘사는 나라인 미국에서는 종교의 영향력이 대단히 강하다).

종교는 부자보다는 가난한 사람을 우위에 둔다. 예수는 가진 재산이 없었다. 부처도 마찬가지였다. 그렇다고 예수가 지나치게 금욕적이었던 것 같지는 않다. 예수는 즐겨 '먹고 마시'었다(「루카 복음서」7장 34절)고 표현하면서 스승격이었던 금욕주의자 세례자 요한과는 반대 입장을 취한다. 뿐만 아니라 『구약』의 금욕적인 선지자들에 대해서도 반대했다. 부처 역시 자신의 재산—심지어 가족이라는 정신적 재산마저—을 포기하고 곳곳을 떠돌며 설법했다. 하지만 이내 금욕주의를 벗어던지고 중도의 길을 걸었다.

초기의 기독교는 금욕주의 성향이 강했다. 초기 기독교도들은 스스로를 예수의 직접적인 후계자로 생각하여 스승처럼 사막으로 들어갔다. 이처럼 기독교는 처음부터 가난의 종교였다. 이 점에서 불교를 비롯하여 속세와 거리를 두는 동양의 종교들과 가깝다. 초기 기독교도들이 세상과 거리를 두었던 이유는 예수의 재림이 임박했다는 확신 때문이기도 했다. 그들은 남은 시간을 신과의 만남을 준비하는 데 써야 했다. 현세의 일들은 아무런 의미가 없었다.

가난과 금욕이라는 교리의 기본 골격

사도 바오로의 다음과 같은 경고는 수천 년 동안 지속될 쾌락 적대적인 기독교 정서의 문을 열었다. "대낮에 행동하듯이, 품위 있게 살아갑시다. 흥청대는 술잔치와 만취, 음탕과 방탕, 다툼과 시기 속에 살지 맙시다. 그 대신에 주 예수 그리스도를 입으십시오. 그리고 욕망을 채우려고 육신을 돌보는 일을 하지 마십시오." 루터는 이 말을 과격하게 해석하여 육체는 죽었다고 선언한다. "그리하여 육신은 죽었지만 정신은 살았도다." 타락한 생활에 젖어 있던 아우구스티누스는 「로마 신자들에게 보낸 서간」(「로마서」)에 나오는 사도 바오로의 복음에 감명하여 서른두 살의 나이에 기독교로 개종했고, 유명한 교부가 되었다. 바오로의 전언이 그의 골수에 사무쳤고, 그 정신적 충격은 중요한 교리로 거듭났다. 인생의 목표는 '신의 향락'에 있다는 교리로 말이다. 그가 말한 '신의 향락'은 금욕과 기도라는 수도사의 이상으로 이어졌다. 아우구스티누스의 교리는 현재까지도 기독교 교회에 강력한 영향을 미쳐서 육체를 적대하고 성(모든 죄악의 근원으로서의)을 경시하는 기독교의 기본 정서로 굳어졌다. 원죄라는 숙명적 교리 역시 여기서 근원을 찾을 수 있다. 인간은 처음부터 죄인이다.

✤ — 4~5세기에 활동한 사제이자 신학자인 아우구스티누스. 그가 세운 신학과 교리 체계는 이후 서방 기독교 세계에 지대한 영향을 미쳤다.

성교라는 죄 많은 행위를 통해 태어나기 때문이다.

현세의 재산은 인간을 현혹하여 신에게로 가는 길을 방해한다. 많이 가진 자는 계속 더 많이 갖고 싶어 한다. 점점 더 커지는 것, 그것이 물질적 소유욕의 기본 원칙이다. 아무리 얻어도 만족할 수 없다. 정신적 소유욕도 다르지 않다. 많이 아는 자는 더 많이 알고 싶어 한다. 성자들도 자신의 영성에 결코 만족하지 않는다. 신에게 자꾸만 더 가까이 다가가고 싶어 한다.

진정한 자기 자신과 신을 찾고자 하는 이는 필요 없는 짐을 버려야 한다. 내려놓고 버리며 포기하는 것은 영혼을 가볍게 만든다. 사업에 정신이 팔려 있으면 신에게 집중하기 힘들다. '장사가 안 되면 신앙심이 깊어진다'는 속담도 있다. 재물을 많이 소유하는 것도 나쁘지만, 더 갖기 위한 영업 활동과 판매·구매 행위는 더더욱 영혼을 파괴한다. 대부분의 종교 창시자와 성자들은 물론 철학자들 역시 그렇게 생각했다. 기계공이나 시계공 출신 철학자는 있어도 은행가나 대상인이 철학자가 된 사례는 없다. 구멍가게 주인조차 철학자가 된 사례는 없다.

원래 가난과 겸양의 종교였던 기독교가 막대한 자본주의적 성장력을 갖춘 서구 사회를 낳았다는 사실은 무척이나 놀라운 일이다. 분명 그것은 예수의 뜻이 아니었다. 하지만 힌두교나 불교처럼 빈자의 종교를 믿는 동양 세계도 크게 다를 바 없다. 시간 차이는 있었지만 동양에서도 이미 자본주의적 생산 법칙과 시장 법칙이 확고하게 자리 잡았다. 당연히 성서나 경전에 적힌 내용과 현실의 괴리가 점점 커지고 있다.

정신이 물질보다 우위에 있다고 말할 수 있는가?

아직 언급하지 않은 중요한 사실이 하나 있다. 종교가 모든 물질을 싸잡아 무가치하다고 선언하면서 정신에 절대적 우위를 부여하지는 않는다는 점이다. 신의 창조가 비록 순수 정신적(수학적) 원칙에 따라 작동하지만, 어쨌든 그것으로 인해 물질이 창조되었다. 그런 사실만 생각해도 물질을 완전히 무가치하다고 보는 것은 어리석다. 자연 역시 물질이다. 그러나 자연 속에 있는 모든 것이 유한하기에 종

❖ — 경전을 읽고 있는 티베트의 불교 승려. 종교 수도자들은 정신적 가치를 추구하는 한편 물질로 이루어진 자연과 하나가 되기 위해 정진한다.

교는 사물과 생명체는 중요하지 않다고, 내세의 영원한 생명에 비할 때 현세의 존재는 이류에 불과하다고 주장하는 경향이 강하다. 그런 면에서 종교는 일정 정도 창조를 경시한다. 물질에 대한 경시가 창조에 대한 경시로 이어진 것이다.

앞서 살펴보았듯이 과학의 입장에서 물질은 불멸한다. 끊임없는 자연의 순환 구조를 따르기 때문이다. 따라서 이른바 '불멸의' 정신을 물질보다 우위에 두는 것은 의문스러운 태도다. 물질의 외형은 변하지만 기본적인 구성 요소는 변함이 없다. 이 우주에서 소멸되는 것은 아무것도 없다. 소멸되는 것이 있다면 그것은 오히려 정신적인 것이다. 우리의 뇌가 만들어 낸 대부분의 것이 언젠가는 무로 사라

진다. 하지만 우리의 뇌를 구성하는 물질은 적어도 원자의 차원에서
는 불멸이다.

종교는 정신을 물질과 반목시키려는 경향이 있다. 하지만 하나는
다른 하나를 통해서만 이해되는 법이다. 절대적 정신인 신 역시 인
간은 오로지 창조를 통해서, 다시 말해 우주의 물질적 현실을 통해
서만 이해할 수 있다.

각 종교의 수도자들은 수도 생활을 통해서 이런 깨달음의 열매
를 맺었다. 속세를 떠난다는 건 인간 문명의 물질적 세계를 등지고
자연으로 돌아가는 것일 뿐이다. 은둔자는 자연과 하나가 되고자 하
는 가운데 신과의 합일을 꿈꾼다.

정리해봅시다

❖ 대부분의 종교는 '부'보다는 '가난'을 우위에 둔다. 물질에 대한 욕구가 인간과 신
   을 멀어지게 만든다고 본다.

❖ 가난 그 자체는 축복이 아니라 저주다. 능동적으로 선택한 가난만이 종교적 가치
   를 획득한다.

❖ 가난할 수밖에 없었던 초기 기독교 공동체로부터 가난의 미덕이 설파되었지만, 동
   양의 종교 역시 가난을 중시한다는 점에서는 유사한 종교적 가치를 추구한다고 볼
   수 있다.

❖ 가난을 추구했던 기독교가 부유한 서구 사회를 낳았다는 사실은 일종의 아이러
   니다.

❖ 과학의 입장에서 볼 때 물질은 불멸이다. 우주에서 소멸되는 것은 아무것도 없다.
   오히려 정신의 결과물 대부분이 무로 돌아간다.

종교의 사제는
어떤 역할을 하는가

신앙의 열정을 잃은 사제들

내가 어릴 적 만났던 신부들은 내 기억 속에 좋은 느낌으로 남아 있지 않다. 그들은 분명 충실한 신의 종이었지만 신의 말씀에 대한 일말의 열광도 없이 억지로 맡은 일을 꾸역꾸역 하고 있다는 느낌을 주었다. 당연히 어린 우리의 가슴에 예수 그리스도를 제대로 심어 주지 못했다. 종교 수업 시간에 신부가 꾸벅꾸벅 졸기도 했다. 어찌나 깊이 잠들었는지 우리가 교실에서 떠들고 날뛰어도 전혀 모를 정도였다. 일요일 미사 시간 그의 설교는 일에 지친 농부들을 차례로 코마 상태에 빠뜨렸다. 잘못을 참회하는 뜻에서 차나 코코아에 설탕 대신 소금을 넣어 먹으라는 그의 설교는 어린 우리가 듣기에도 우습기 짝이 없었다. 그리스도의 고통에 비한다면 그까짓 소금이 무슨 대수냐는 생각이 들었기 때문이다.

어린 시절 종교는 내게 모순과 불합리가 가득한 사상 체계로 다가왔다. 신부는 아무런 열정도 없이 기계적으로 실을 풀어내고 있는 얼레 같았다. 어찌나 무심하고 따분해 보였는지 신부 자신도 자기 말을 믿지 않는다는 느낌이 들 정도였다. 한마디로 바이에른 시골 마을 교구의 우리 신부님은 양떼를 지키는 주의 목동이 아니라 교회의 멍청한 관료일 뿐이었다. 진짜 좋은 신부는 극소수에 불과하다는 말이 감히 내 입에서 튀어나올 정도로 훗날 만나 본 신부들도 크게 다르지 않았다.

신부라면 총기와 신앙심, 열성과 유머, 위트와 상상력, 기쁨 등을 발산해야 한다. 신을 향한 열정으로 사람들을 감동시켜 그들을 신에게로 이끌어야 한다. 그러자고 사제가 있는 것이다. 웃음이 전염되듯 성령을 전염시키는 것이 사제의 임무다.

사제의 역사는 종교의 역사와도 같다. 신은 범인凡人들이 쉽사리 다가갈 수 있는 존재가 아니다. 신은 극도로 복잡한 존재다. 매력이 넘치고 모든 것을 포용하기보다는 두려움과 혼란을 불러일으킨다. 그리고 평범한 신자들은 신을 경배하는 올바른 방법을 알지 못한다. 신은 특히 이 문제에서 아주 까다롭게 굴고 관대하지 못한 모습을 보인다. 『구약』의 신만 보아도 알 수 있다. 『구약』의 신은 제식의 형식을 정확하게 요구한다. 세세한 부분까지 간섭하면서 어떤 것도 우연에 맡기지 않는다. 내 생각에는 우연이야말로 신의 가장 비밀스러운 언어인데도 말이다.

어쨌든 이렇듯 제식이 복잡하다 보니 어쩔 수 없이 전문적으로

❖ — 종교의 제식은 대단히 복잡하다. 특히 기독교의 제식은 『성경』에 기록된 대로 대단히 세세한 부분까지 규칙이 정해져 있다. 때문에 제식을 맡아서 담당할 사제가 필요했다. 하지만 사제와 성직자는 제식을 담당할 뿐만 아니라 일반 신자의 신앙이 성숙해지는 데에도 기여해야 한다.

그 일을 맡아서 진행할 사람이 필요했다. 사제는 신을 섬기는 일이 워낙 특수하기 때문에 생겨난 직책이다. 사제는 신의 업무를 맡아서 수행하는 전문가, 즉 프로 신앙인이다. 그리고 그들의 반대편에 신도들이, 즉 신앙의 아마추어들이 자리하고 있다.

종교 의식과 사제의 관계

과거에는 공동체의 최고령자를 사제로 선출했다. 지식과 경험, 권위와 명망을 갖추었기에 자격이 충분했다. '사제'라는 뜻의 '프리스터Priester'는 그리스어 '프레스뷔테로스presbyteros'에서 파생된 말로, '지역의 최고 연장자'와 '지역의 수장'을 뜻한다. 고대에는 최고 지배자(왕)가 최고 사제인 경우가 많았다. 왕의 권력이 신에게서 나온다고 생각하면 충분히 지배력을 수긍할 수 있다. 거기서 한 걸음 더 나아가 이집트와 같은 문화권에서는 왕을 신으로 숭배했고, 동시에 왕이 신인 자신을 섬기는 최고 사제의 역할까지 맡았다. '신=왕=최고 사제'라는 삼위일체 구조가 예수라는 인물을 통해 되살아난다는 사실이 참으로 흥미롭다. 예수는 신으로 숭배를 받았고, 스스로를 왕(내세 왕국의 왕)으로 생각했으며, 제자들에게 베푼 만찬에서는 사제의 제스처를 취했다.

고대의 사제들에게는 또 다른 주요 업무가 추가되었다. 사제는 자연을 탐구하는 사람이기도 했다. 하늘의 별을 관찰하고 그 변화를 신의 신호로, 미래의 표지판으로 해석한 것이다. 제물 의식은 신탁 의식과 서로 얽혀 있어서 제물로 사용된 짐승의 내장을 보고 미래를 점치기도 했다. 신탁은 신의 판결이다. 최고 제사장만이 그 판결을 해석할 수 있다. 고대 사회에서 사제들이 누렸던 막대한 권력은 그러한 능력에서 비롯된 것이다. 그들의 말이 법이었고, 신이 뜻하고 사제가 전달하는 신성한 결정이었다. 우리가 알고 있는 세속적인 법정은 신의 판결을 사제가 전하는 행위에서 연유했다.

고대의 사제는 과학, 종교 의식, 예언을 두루 주관하는 막대한 권력자였다. 이외에 또 한 가지 잊지 말아야 할 것이 있다. 고대의 사제는 치료사이기도 했다는 사실이다. 말 그대로 신체와 영혼의 복을 가져다주는 사람이었다. 사제를 최고의 성인으로 숭배했던 이유가 그 때문이었다.

『성경』에도 이러한 고대 사제 제도의 여운이 남아 있다. 「탈출기」(「출애굽기」)를 보면 "시비를 가리는 이 가슴받이 속에는 우림과 둠밈을 넣어 두어라. 아론이 야훼 앞에 들어갈 때 이것을 가슴에 붙이고 들어가게 하여라"라고 적혀 있다. 여기서 우림과 둠밈은 신탁의 지팡이를 말한다. 그 지팡이를 던져 최고 제사장이 신의 뜻이나 미래를 점친다. 떨어진 지팡이를 보면 사제의 눈에─그에게만─신의 결정이 보인다. 모세의 형 아론은 유대 민족 최초의 사제였다. 이 역시 유대교 사제 제도의 특수성을 보여 주는 지점이다. 유일신을 믿기에 최고 제사장도 한 사람밖에 없는 것이다. 다른 문화권에서는 신이 많은 만큼 최고 제사장의 숫자도 많았고 서로 간에 라이벌 의식도 있었다.

선택받은 유대 민족의 첫 사제는 모세가 아니라 아론이었다. 그가 죽은 뒤에는 그의 후손들이 사제의 직위를 물려받았다. 힌두교의 사제 계급 브라만처럼 대물림되었다. 하지만 유대교의 경우에는 처음부터 사제에게 일반 신자보다 더 높은 지위를 부여한 것은 아니었다. 종교로서는 아주 특이한 경우다. 고대 유대교의 사제는 야훼에게 짐승 제물을 바치는 직무를 수행하는 사람 그 이상이 아니었다. 심지어 선지자도 평범한 사람들을 넘어서는 특별한 신앙을 갖는다고 보지 않았다. 선지자는 신의 부름을 받은 사람이지만, 그렇다고 해서 높은 위치에 있는 것은 아니었다. 선지자도 신의 얼굴을 보지 못하

❖ ─ 아론의 지팡이에서 꽃이 피는 장면을 묘사한 그림

기는 마찬가지였다. 영원한 존재 앞에서는 모두가 동등하다. 무한하고 불가해한 신은 만인에게 동일한 방식으로 현현하며 어느 누구에게도 전체적인 모습을 드러내는 법이 없다.

결국 모든 종교(와 사제 제도)의 기원은 제식이다. 종교의 제물은 신의 마음을 달래서 신을 자기편으로 만들려는 노력의 한 방편이었다. 신은 눈에 보이는 숭배의 증거를 원한다. 그리고 사제는 이런 제물과 제식을 맡는 실무자다. 종교 의식이 없었다면 사제도 없었을 것이다. 하지만 문화가 발전하면서 사제의 역할이 종교 의식 전문가에서 신과 신자를 연결하는 중계자로 탈바꿈했다. 사제가 있는 종교에서는 신과 신자의 관계가 직접적이지 않다. 사제는 부재하고 침묵하는 신의 말씀을 혼자서 이해하기에 일종의 통역관이 되어 제식이나 설교를 통해 신자들에게 신의 뜻을 전달한다. 그런데 과연 사제가 전달하는 신의 말씀이 진짜일까? 사제의 상상에서 나온 연극이 아닐까? 신은 사제에게도 침묵할지 모르고, 따라서 사제가 이해하는 신의 말씀은 성서로 전해지는 글에 불과할지도 모른다. 더구나 요즘에는 글을 모르는 사람이 없기에 신자들도 나름대로 성서에 담긴 신의 말씀을 해석할 수 있다. 과거에는 사제나 학자들만 신의 말씀을 들을 수 있었다. 신의 말씀이 일반 평민들이 모르는 라틴어나 그리스어, 히브리어로 적혀 있었기 때문이다.

사제의 특별한 지위는 바로 여기서 나왔다. 이는 불교나 힌두교는 물론이고 고대 그리스나 고대 이집트의 비밀 종교 단체도 다르지 않았다. 심지어 가톨릭이나 그리스 정교에서는 지금까지도 그러하다. 반면에 유대교와 이슬람교는 다르다. 이들 두 종교는 사제에게 특별한 지위를 부여하지 않는다. 이슬람교는 아예 사제가 없다. 이슬람교의 제식은 혼자서 알라께 기도를 드리는 것이 전부인데 무엇 하러 사제가 필요하겠는가. 사실 사제는 복잡한 성사聖事가 있는 곳에서만 필요하다. 사제와 일반 신도의 차이가 가장 확연한 종교는 불교다. 일반 신도, 즉 속세의 신자들이 출가 수행자 교단인 승가를 지지하고 따르는 구조를 취한다.

유대교가 사제 없이도 존속될 수 있는 이유

유일신 종교의 기원인 유대교로 다시 돌아가 보자. 유대교의 사제는 특별한 지위를 누리지 않는다고 앞에서 말했다. 하지만 이 말이 전부 옳은 것은 아니다. 아론과 그의 후손은 사제이기 때문에 남들과 달랐고 종교적 권력을 누렸다. 그럼에도 유대교의 사제는 결코 특별히 신의 은총을 누리는 사람이 아니며, 신도들에게 신의 복을 내리는 사람은 더더욱 아니다. 때문에 과거 유대교에서는 많은 사람들이 스스로를 '바리새인'이라고 불렀다. 바리새인이란 '분리된 사람들'이라는 의미다. 아론의 뒤를 이어 제사장이 되지는 않았지만, '죄와 이교도의 잔혹함에서 떨어져 나왔다'는 뜻이 담겨 있다. 때문에 '모든 유대인의 바리새주의'라는 말이 나왔다. 종교는 만인의 것이며, 모두가 신의 부름을 받아 종교에 이르렀다는 원래의 유대교적 시각이 함축된 말이다. 신은 유대 민족 전체를 선택했지 민족의 대표들만 선택한 것이 아니었다. 유대교에 성자가 없는 이유도 아마 이런 시각 때문일 것이다.

서기 70년 예루살렘을 침공하여 사원을 파괴한 로마인들의 만행은 유대 민족으로서는 무시무시한 재앙이 아닐 수 없었다. 하지만 비극적 결과는 오히려 득이 되었다. 덕분에 혼자서, 어느 누구를 통하지 않고 직접 신과 마주한다는 유대교의 가장 깊은 본질이 활짝 날개를 펼 수 있었던 것이다. 사원이 무너지면서 제식도 사라졌다. 제식이 없어지자 사제도 불필요해졌다. 사제가 우월한 위치에 있는 다른 종교였다면 종교 전체의 몰락을 맞이할 수도 있었다. 실제로 성전이 파괴되고 사제들이 죽임을 당한 후 사라진 종교가 적지 않다. 그럴 경우 일반 신자들은 쉽사리 정복자의 종교를 받아들이고 그들의 사제를 섬겼다. 유대교는 그렇지 않았다. 성전과 사제가 사라졌지만 신의 말씀은 『토라』라는 성서의 형태로 남았다. 『토라』는 신과 마찬가지로 파괴될 수 없다. 『토라』를 읽을 수 있는 누구나 『토라』를 계속 연구할 수 있었고, 계속 신께 기도를 올릴 수 있었다. 그 결과 유대교의 정신적 핵심은 지금까지도 보존되고 있다.

재앙이 일어나면서 유대교는 자신을 되찾았고 신의 말씀을 통해 불멸성을 획득했다. 사제는 더 이상 필요하지 않았다. 만인이 자신의 사제였고, 이는 지금까지도 변함이 없다. 예루살렘에 있는 통곡의 벽은 한때 사원을 둘러싸고 있던 담의 잔재로, 신앙심 깊은 유대인이라면 누구나 사제의 몸짓으로 그 벽을 향해 다가간다. 통곡의 벽으로 다가가는 유대인들의 의상 또한 사제의 복장을 연상시킨다. 허리에는 기도용 숄인 탈리트를 두르고 왼팔과 이마에는 테필린(기도용 가죽 끈)을 찬다.

유대교에도 랍비가 있다. 랍비는 사제가 아니라 종교 선생, 즉 급료를 받고 유대 교구민들에게 『토라』를 가르치는 선생이다. 역사적인 관점에서 본다면 랍비 제도는 고대 바리새인의 전통에서 출발했다. 바리새인들은 귀족 사제였던 사두개인과 달리 정치색이 짙었던 종교 운동이 일었던 2세기경에 와서야 처음 등장했다. 바리새주의는 제물을 중시하는 제식보다는 『토라』 연구에 중점을 두었다. 바리새

❖ ― 예루살렘에 있는 통곡의 벽에서 기도하는 유대교인들. 통곡의 벽은 예수살렘에 있던 유대교의 제2성전을 둘러싸고 있던 담이었다.

인들은 『토라』를 이해하기 쉽게, 생활에 가깝게 해석해 주었다.

　고대의 바리새주의는 사원이 파괴되어 기도가 제물 의식의 자리를 차지한 후 일반 신자들의 운동인 랍비주의로 탈바꿈했다. 그를 통해 누구나 독자적인 종교 생활을 할 수 있다는 옛 유대교의 교리가 제대로 실현될 수 있었다.

사제 제도의 변천 과정

　바리새주의는 기독교의 종교적 원천으로 볼 수 있다. 스스로를 바리새인이라고 생각하지 않았지만 예수 역시 유대교 평신도의 대표였다. 혹시라도 예수가 자신을 바리새인으로 생각했을까? 어쨌든 예수는 유대교의 율법학자였다. 전형적인 랍비였다. 최후의 만찬에서 확실히 드러나듯 최고 제사장의 면모를 갖춘 랍비였다. 예수는 상징적인 제물 의식을 치렀다. 즉 피 흘리는 동물 제물을 바치는 사두개인들의 사원 제식을 영원히 없애기 위해 스스로를 제물로 바친 것이다. 제물 의식의 위상은 이미 흔들리고 있었다. 때문에 사원이 파괴되자 시너고그가 사원의 자리를 대체했다. 이는 성전의 날이기도 했던 유대교 최고의 축제일인 속죄의 날(욤 키푸르)이 시너고그의 날이 된 것만 보아도 알 수 있는 사실이다.

이렇게 본다면 다시 부활한 기독교의 사제 제도는 일종의 퇴보라고 말할 수도 있을 것이다. 하지만 최후의 만찬의 제물인 예수를 통해 이 퇴보도 정당화되는 듯하다. 실제로 가톨릭의 사제 제도는 이 장면에 근거를 두고 있다. 예수는 기독교 최초의 사제로 해석할 수 있으며, 모든 사제는 예수의 뒤를 잇는다. 예수 안에서 신과 사제와 제물이 하나가 된다. 다른 종교에서는 볼 수 없는 현상이다.

개신교는 약간 다른 모습을 띤다. 루터의 종교 개혁은 기독교를 다시 유대교의 교리, 특히 신자 모두가 사제라는 교리에 근접시키려는 노력이었다. 그리고 그 목적은 중세의 가톨릭이 사제에게 특별한 지위를 부여함으로써 잃어버렸던 교구의 내적 통일을 회복하는 것이기도 했다. 루터는 다시 (유대인들의 『토라』가 그렇듯이) '신의 말씀'을 유일한 구원 수단이라고 선언했다. 하지만 루터의 견해는 신의 말씀을

❖ ― 레오나르도 다 빈치가 그린 「최후의 만찬」. 이 역사적인 장면에서 기독교의 세례 성사와 제식, 사제 제도 등이 비롯되었다.

바라보는 유대교의 관점과 아주 중요한 지점에서 차이가 있었다. 루터가 보기에 '신의 말씀'에는 초자연적인 신의 힘이 작용한다. 더 정확하게 말하자면 『성경』의 구절에 담긴 신의 은총이 인간에게 내려진다는 뜻이다. 이를 통해 '신의 말씀'은 일종의 성사聖事가 된다. 반면에 유대교의 『토라』는 확고부동하게 세상에 자리 잡은 명철한 신의 말씀이기 때문에 그저 읽고 이해하기만 하면 된다. 유대교에는 성사가 없다. 당연히 사제가 있을 필요도 없다.

개신교의 경우 모든 신자가 사제라고 가르치지만, 임무를 위임받은 사제와 종교를 수용하는 사람, 종교 지킴이와 일반 신자, 성숙한

자와 미숙한 자의 공존이 다시 부활했다. 신이 선사하는 은총이라는 형식을 빌려 종교에 기적의 힘을 부여하려는 곳에서는 어쩔 수 없이 나타나는 현상이다. 따라서 은총을 가져다주는 루터의 '신의 말씀'은 유대교의 『토라』와는 다르다. 『토라』는 유대인이라면 모두가 읽고 실행할 수 있다. 하지만 '신의 말씀'은 신이 내린 순수한 은총의 선물이기에 누구에게나 돌아가는 것이 아니다. 모든 선물이 그러하듯 신의 말씀 역시 올바른 방식으로 분배되어야 할 것이고, 그러자면 올바른 신학자의 입을 빌려 전파되는 올바른 신학(교리)이 필요하다. 때문에 목사라는 직책을 가진 이를 통해서만 신의 은총을 얻게 되는 것이다. 그 결과 다시 모든 것은 사제와 목사에게로 귀결된다. 목사는 올바른 신학의 운반자이자 관리인이다.

물론 유대교라고 해서 직업적인 신앙 지킴이와 일반 신자의 대립이 전무한 것은 아니다. 유대교 역시 『토라』가 올바르게 읽히도록 관심을 기울여야 한다. 그러자면 '올바로 읽는다'라는 말이 무슨 뜻인지를 판단할 누군가가 있어야 한다. 바로 그런 일을 하는 사람이 랍비다. 랍비는 『토라』를 읽고 올바르게 이해할 수 있도록 유익한 가르침을 준다. 하지만 랍비는 사제라기보다는 스승이자 설교자다. 아니, 랍비는 절대 사제가 아니다.

앞에서 개신교 이야기를 했지만, 개신교에도 '만인이 사제'라는 루터의 원래(유대교적) 사상을 글자 그대로 받아들이는 종파가 있다는 사실을 간과해서는 안 된다. 예를 들어 개신교 자유 교회 중에서 가장 규모가 큰 침례교가 대표적인 경우다. 침례교는 『성경』을 신앙과 생활의 유일한 노선으로 삼으며, 누구나 독자적으로 해석할 수 있다고 본다. 그러므로 신의 말씀을 중계하고 전달할 사제가 필요하지 않다. 『신약』에 따르면 세례를 받은 사람은 모두가 성령을 담은 사람, 즉 '성직자'다. 세례와 더불어 모두가 사제로 부름을 받는 것이며, 이는 예수 그리스도로부터 시작되었다.

하지만 보통의 경우 개신교 신자들은 수동적인 위치에 머무른다. 대부분의 신자들이 세례를 통해 자신이 사제가 되었다는 사실 자체를 전혀 모르고 있는 것 같다.

가톨릭은 더하다. 일반 신자들도 세례를 받으면 사제직이 인정되지만 서품을 받은 정식 신부만이 미사를 집전하고 성사를 베풀 수 있으며, 개신교와 달리 여성은 신부가 되지 못한다. 여성 신부 문제는 가톨릭 내부에서 계속 논쟁거리가 되고 있다. 복음서 어디에도 남자만이 예수의 제자를 계승할 수 있다고 씌어 있지 않으며, 실제 예수의 제자들 중에는 여성들도 있었다.

사제의 참된 역할

가톨릭 교리에 따르면 신부는 예수의 제자를 계승하는 것이 아니라 예수의 직계 후계자다. (남성) 신부만이 서품식을 통해 세 가지 임무를 수행할 능력을 선사받게 된다. 첫째가 공식적인 미사 집전이다. 특히 제식, 즉 그리스도가 제정한 성찬 의식을 집전한다. 이 의식을 통해 십자가에 못 박힌 예수의 자기희생을 날마다 새롭게 되살린다. 둘째는 교리 전파다. 그리스도 역시 복음의 전파자로 복음을 가르쳤다. 셋째는 교구 관리다. 그리스도의 활동 역시 궁극적으로는 이웃 사랑과 신을 향한 사랑을 목표로 했다. 미사를 집전하고 설교를 하는 것도 중요하지만, 교구민들과 일상적인 접촉을 하면서 그들의 근심과 곤궁을 들어 주는 일도 그 못지않게 중요한 신부의 임무다.

❖ ─ 기독교(가톨릭과 개신교)에서 사제와 성직자는 매우 큰 권한을 갖는다.

종교의 역사를 살펴보면 사제의 의미가 날로 감소하고 있다는 사실을 여실히 깨달을 수 있다. 세계 종교 가운데 가장 역사가 짧은 이슬람교는 아예 사제가 없다. 유대교의 랍비와 비슷한 물라가 있기는 하지만 이들 역시 종교의 스승일 뿐이다. 유대교 역시 앞에서 살펴본 대로 지난 2,000년 동안 사제를 두지 않았다. 기독교 역시 루터의 종교 개혁 이후 '만인 사제'의 방향으로 움직이고 있다. 인간의 자의식이 성장하고 있음을 반영하는 대목이 아닐 수 없다. 현대인은 자기 나름대로 신과의 관계를 맺고 싶어 한다. 신께로 가는 길은 지극히 개인적일 수 있다.

사제보다 일반 신자인 우리가 더 신에게 다가가 있는지 누가 알겠는가? 신이 사제를 정말 원한다고 누가 장담할 수 있는가? 신앙생활에 열과 성을 다하는 일반 신자가 종교 수업 시간에 꾸벅꾸벅 조는 사제보다 훨씬 더 유익하지 않을까? 이로써 우리는 처음의 질문으로 되돌아왔다. 사제는 스승과 같다. 좋은 사제와 스승은 없어서는 안 될 소중한 존재이지만, 나쁜 스승이 교육의 길을 가로막듯 나쁜 사제는 신에게로 향하는 길을 가로막을 수 있다.

정리해봅시다

❖ 종교 의식이 복잡해지면서 전문적으로 이를 담당하는 사람이 필요해졌다. 이것이 사제와 성직자의 출발점이다.

❖ 고대의 사제는 부재하고 침묵하는 신의 말씀과 신호를 해석하여 신자들에게 전달하는 존재였다. 이러한 사제의 의미는 오늘날의 가톨릭과 개신교에서도 여전히 이어지고 있다.

❖ 이집트 문화권에서는 왕이 곧 신이자 최고의 제사장이었다. '신 = 왕 = 제사장'이라는 삼위일체 구도가 예수 그리스도를 통해서 재현된 것은 매우 흥미로운 일이다.

❖ 유대교는 개개인이 직접 신과 마주한다는 종교적 본질에 의해, 이슬람교는 종교 의식의 단순성으로 인해 특별히 사제를 필요로 하지 않는다.

❖ 마르틴 루터는 사제 집단에게 집중된 종교적 권위를 일반 신도들에게로 되돌리겠다는 목적에서 종교 개혁의 깃발을 들었다. 하지만 종교 개혁의 결과인 개신교는 오늘날 다시금 과거의 사제 제도에 기대는 모양새를 취하고 있다.

❖ 현대인의 성숙한 자의식은 신과 직접 관계를 맺고자 하는 의지를 키웠다.

❖ 나쁜 스승이 참된 교육의 길을 가로막듯, 나쁜 사제는 신에게로 향하는 길을 가로막을 수 있다.

왜 종교는 서로 사이가
좋지 않을까

신은 유대인도 기독교인도 이슬람교도도 아니다

먼저 단언하자면, 종교들은 절대로 서로 사이가 나쁘지 않다. 각 성서와 경전이 가르치는 대로 수천 년 전부터 조용히 공존해 왔고 서로 영향을 미쳐 왔다. 어떤 종교도 혼자서는 존재하지 못했을 것이다. 종교는 철학이나 예술과 비슷하게 정신의 용광로다. 그런데 싸우기 좋아하는 극히 일부 사람들이 종교에 싸움을 끌어들였다. 종교를 자기들 싸움에 악용하는 것이다. 적지 않은 종교인들이 타인의 다른 종교를 참지 못한다. 하지만 이러한 태도는 자기 종교의 신자들이 안전하지 못하다는 생각으로 이어질 수 있다. 다른 종교는 모조리 위험한 것으로 보일 테니까 말이다.

종교의 다양성은 좋은 징조이며 신의 뜻이기도 하다. 신은 한 가지 종교에만 끼워 넣기에는 너무나도 큰 존재다. 나아가 불가해성을 통해 신은 종교의 다양성을 끌어냈다. 인류의 문화는 수천 년 동안 나름의 방식으로 풀리지 않는 신의 수수께끼에 접근하려 노력해 왔다. 종교의 다양성을 참지 못하는 사람은 문화의 다양성도 인정하지 못하고, 결국 신의 불가해성 자체를 인정하지 못한다. 그러므로 다른 종교를 증오하는 사람은 근본적으로 신이 불가해하다는 이유로 화를 내는 것이나 마찬가지다.

이로써 이 장의 질문은 이미 해답을 찾은 셈이다. 인간이 반목하는 것이지 종교가 반목하는 것이 아니다. 모든 종교는 사랑과 평화를 추구한다. 모든 종교의 신자들이 자신의 종교를 올바로 이해하고 진지하게 생각한다면 반목이 들어설 자리는 없을 것이다. 반목은 종교를 잘못 받아들인 데서 비롯된다.

한 종교가 다른 종교로부터 파생된 경우에 신자들 간의 반목이 가장 심하다. 한 종교에서 신생 종교가 탄생했다는 사실 자체에 이미 구 종교에 씻을 수 없는 상처를 안겨 준 것이기 때문이다. 유대교, 기독교, 이슬람교의 반목은 이 종교들이 사실은 형제자매 종교이고, 같은 뿌리에서 나왔다는 사실에 연유한다. 서로 너무나 비슷하기에 알력이 생길 수밖에 없다. 그 와중에 절대 잊지 말아야 할 주요한 사실이 망각된다. 신은 유대인도 기독교인도 이슬람인도 아니라는 사실 말이다. 반목하는 종교는 신을 이용할 뿐이다. 다들 마치 신이 자기 종교의 신자인 양 행동한다. 신은 종교의 '대상'이지 종교의 일원이 아니다. 그 사실을 잊지 말아야 한다.

종교가 아니라, 인간이 반목하는 것

언젠가 세월이 많이 지나고 난 뒤에는 유대교와 기독교, 이슬람교가 이런 말로 서로에게 인사를 건네는 날이 올지도 모른다. "신은 한 분이시다. 우리가 함께 경배하는 신."

모든 종교의 신자들은 자기 종교를 믿지 않아도 행복을 얻을 수 있다는 사실을 깨달아야 한다. 자신의 종교는 전체의 일부분일 뿐이며, 자신과는 전혀 다르지만 그럼에도 신성한 종교적 시각이 있을 수 있다는 사실을 잊지 말아야 한다.

아시아의 위대한 종교를 통해 우리는 다른 종교의 신자들이 어떻

❖ — 종교가 본질적으로는 모두 동일하다는 사실을 개인적 삶을 통해 최초로 입증했던 라마크리슈나. 인도의 브라만 계급 출신으로 12년 동안 숲에서 고행을 하며 신비적인 체험을 했다. 이슬람교와 기독교 등에 대한 이해가 깊었고, 모든 종교가 통한다는 깨달음을 얻었다.

게 평화롭게 공존하는지 그 비법을 배울 수 있다. 모든 종교는 동일한 목표를 향해서 나아간다. 그 목표는 하나, 신이기 때문이다. 인도의 위대한 성인 라마크리슈나는 다음과 같이 말했다. "나는 모든 종교 관습을 행하여 보았다. 힌두교, 이슬람교, 기독교……. 또 힌두교의 다양한 종파의 길도 걸어가 보았다. 그리고 나는 그 모두가 비록 길은 다르지만 동일한 신을 추구한다는 사실을 깨달았다. 어디를 가

나 종교의 이름으로 싸우는 사람들을 만난다. 하지만 크리슈나라 불리는 자는 시바라 불리기도 하며 원초적 힘이라고도, 예수나 알라라고도 불릴 수 있다는 것을, 수천의 이름을 가진 라마일 수도 있다는 것을 그들은 간과하고 있다. 근본은 다양한 이름을 가진 1인이며, 모두는 동일한 근본을 찾는다. 다만 기후와 자연환경과 이름이 차이를 만들 뿐이다.”

모두가 자신을 너무 대단하게 생각하는 것은 아닐까? 한 종교의 신자가 된다는 것은 무슨 뜻인가? 누구나 태어난 환경에 따라 우연히 한 종교의 신자가 된다. 자신의 신앙을 자기 의지로 결정하는 사람은 극소수에 불과하다. 그러므로 명심하자. 종교가 반목하는 게 아니라 반목하는 인간들이 종교를 폭력적 목적에 악용할 뿐이라는 사실을.

❖ 신은 한 종교에 묶어 두기에는 너무나도 큰 존재다.

❖ 신은 불가해한 존재이기 때문에 신에게로 향하는 길 역시 한 가지일 수가 없다. 종교의 다양성은 신의 특성을 반영하는 것이다.

❖ 같은 뿌리를 둔 종교일수록 서로 다투는 모양새를 보인다.

❖ 신은 종교의 ‘대상’이지 종교의 일원이 아니다.

❖ 종교가 반목하는 것이 아니라 인간이 서로 다투는 것뿐이다.

종교와 정치는
어떤 관계일까

교회는 세속에 뿌리 내린 조직이다

    종교는 정치와 아무런 상관이 없다고 생각할 수도 있다. 예수도 로마 총독 빌라도에게 다음과 같이 말하며 정치와 얽히고 싶지 않은 마음을 확실히 밝혔다. "내 왕국은 이 세상 것이 아니다." 하지만 예수의 죽음은―아주 세속적으로 본다면―정치적 갈등에서 비롯된 살인이었다. 예수는 폭동을 꾀했다는 이유로 로마 식민지인들이 십자가에 못 박아 죽인 수십만 유대인 중의 한 사람이었다.

    예수의 '폭동'에 대한 의심은 수많은 사람들의 마음을 사로잡은 종교 교리의 급진성에 원인이 있었다. 정치권력을 잡은 사람들의 의심을 사기에 충분했다. 로마 총독 빌라도는 전선에 있는 군인이나 다를 바 없었다. 실제로 그는 최고 재판관이기 이전에 로마의 군인이었다. 로마에 해가 될 것으로 예상되는 일에 대해서는 당장 약식

❖ — 유대인에 의해 고발된 예수를 심문하는 빌라도. 빌라도 입장에서 예수는 정치범이었다.

재판을 열었고, 폭동을 사주한 자나 메시아의 후보자는 곧바로 십자기에 못을 박았다. 예수가 겪은 일은 당시로서는 특별한 일이 아니었다.

예수의 유명한 산상 수훈도 정치적 연설로 해석할 수 있는 구절이 적지 않다. 신이 지상을 다스릴 것이라 선언하고 자신을 "유대의 왕"이라고 지칭한 것이 대표적 사례다. 세상 어떤 종교 지도자나 정치 지도자도 그런 내용의 연설을 두고 볼 수는 없을 것이다. 더구나 당시는 전쟁의 혼란과 사회적 긴장이 고조된 불안한 시대였다.

사실 신앙의 왕국은 이 세상의 것이다. 신자들도 이 세상에 살고 있다. 성경에 씌어 있는 내용과 종교의 현실은 다른 문제다. 예수는 이렇게 설교한다. "재물을 땅에 쌓아 두지 마라. 땅에서는 좀먹거나 녹이 슬어 못 쓰게 되며 도둑이 뚫고 들어와 훔쳐 간다. 그러므로 재물을 하늘에 쌓아 두어라. 거기서는 좀먹거나 녹슬어 못 쓰게 되는 일도 없고 도둑이 뚫고 들어와 훔쳐 가지도 못한다." 부처의 설법에서도 아주 비슷한 구절들을 발견할 수 있다. 하지만 종교의 순수 교리는 종교의 실제 현실과는 큰 차이가 난다. 교회가 만들어진 경우에 더더욱 그러하다. 교회는 정치 집단인 정당이 아니지만 정당처럼 보일 때가 적지 않다. 가톨릭교회는 절대 왕정과 유사하다. 심지어 지금까지도 바티칸이라는 세속적인 국가를 거느리고 있다. 국가의 3대 요소인 국민, 영토, 주권을 갖추고서 과거 한때는 북이탈리아의 넓은 지역을 다스리기도 했다. 교황이 입법, 행정, 사법의 권력을 독점하고서 사실상 국가의 모든 주요 문제를 혼자서 결정하는 유럽의 마지막 절대 왕정이다.

오늘날 바티칸은 약 180개국과 외교 관계를 유지하고 평화 정책에 적극 참여하며 유엔의 상임 옵서버로서 공식 명칭은 '스타토 델라 시타 델 바티카노Stato Della Città del Vaticano', 줄여서 SCV다. 조롱하기 좋아하는 사람들은 이 약자를 '세 크리스토 베데세Se Cristo vedesse, 그리스도가 보신다면'로 해석하기도 한다.

사원이 없는 힌두교를 제외한 세계 모든 종교에 해당하는 사항을 바로 이 바티칸에서 눈으로 확인할 수 있다. 거의 모든 종교가—기독교는 여러 교회, 이슬람은 종교와 국가 권력의 결합을 통해—세속에 뿌리를 내리고 있다는 사실 말이다. 기독교는 세상이 곧 멸망하리라는 원래의 믿음을 버린 순간부터 현세에 관심을 갖기 시작했다. 신의 왕국이 금방 도래하지 않는다면 그 왕국을 세상에 건설해야 할 것이다. 성당과 교회를 지어 내세에 있는 신의 왕국을 모방품을 통해서라도 눈으로 볼 수 있게 해야 했다. 이것은 철저하게 정치적인, 바로 국가 정치적인 행보였다. 따라서 초기 교부들은 가톨릭교회를 그리스도가 직접 문을 연 신앙 기관으로 해석했다. 물론 복음서 어디에서도 그런 증거는 찾아볼 수 없다. 오히려 예수가 교회를 짓고 싶어 하지 않았다는 것만은 확실하게 말할 수 있는 사실이다. 신앙심 깊은 유대인이었던 예수에게 교회는 낯설기 짝이 없는 것이었다.

예수의 사상은 유대교의 굳건한 뿌리에서 자라났다. 그의 복음이 영원히 타당하고 감동적인 이유가 거기에 있다. 완전한 유대교의 의미에서 개개인에게 말을 걸기 때문이다. 예수는 모든 인간을 교회라 부르는 조직의 일원이 아니라 개인의 자격으로 신에게 인도하려 했다. 유대교가 그렇다. 유대교에서는 모든 신자가 혼자서 신과 마주한다. 열 명의 (남성) 신자가 함께 모여 기도하면 그것이 이미 '교회', 시너고그다. 시너고그는 '만남의 장소' 이상의 의미가 없다.

아우구스티누스가 구상한 '신의 국가'와 바티칸

지상에 세운 신의 왕국이라는 관념은 아주 서서히 생겨났다. 초기의 기독교는 세상을 떠나 금욕적인 생활을 하는 사람들과 예수의 교리를 따라 예수를 모방하며 살고자 하는 작은 공동체의 종교였다. 상위 조직(교회)에 관한 관념은 수백 년을 거치면서 차츰 무르익은 생각이었다. 발단은 아우구스티누스와 그의 저서 『신의 국가』였다. 아우구스티누스는 신의 국가를 현세의 국가와 구별하고, 기독교 구원의 역사를 세계사와 분리시켰다. 이러한 생각이 로마 제국이 몰락한 시점과 겹친다는 사실은 우연이 아니다. 영원한 신의 국가라는 관념은 5세기 서로마 제국의 폐허 위에서 탄생했다. 아우구스티누스가 생각한 신의 국가는 오로지 신앙 속에서만 실현되는 순수 정신의 국가였다.

하지만 역사는 전혀 다르게 흘러갔다. 로마에 교황권이 확립되면서 신의 국가라는 이념은 세속적인 교회 국가로 실현되었다. 하지만 그것은 로마 황제 콘스탄티누스Constantinus I, 280?~337 대제가 아우구스티누스가 태어나기 100년 전에 수도를 로마에서 비잔티움(콘스탄티노플, 오늘날의 이스탄불)으로 옮겼기 때문에 가능했던 일이다. 로마의 주교는 교황이 되어 세속적 권력을 획득하는 데 성공했다. 물론 교회가 로마 가톨릭과 비잔티움 제국 교회로 분열되는 대가를 치른 후였다. 그리하여 로마의 교황들은 처음부터 세속적인 비잔티움 제국과 대립하는 세속적 국가로서 로마에 교회 국가를 건설했다. 훗날 위조로 드러난 콘스탄티누스 대제의 증여 증서와 754년 프랑스 왕 피핀의 실제 교황령 증여가 국가의 초석이 되었다.

오랜 세월 자체 군대를 양성하여 전쟁을 했던 교회 국가를 통해 기독교는 지상에 신의 국가를 창조했고, 그 결과—예수의 이념은 차치하고서라도—아우구스티누스의 이념은 정반대로 뒤집어졌다. 아우구스티누스는 정신적인 신의 국가와 세속적 국가의 엄격한 분리를 주장했다.

19세기에 이르러 이탈리아에 민족 국가가 탄생하면서 비로소 교회 국가는 종말을 맞이한다. 1870년 이탈리아 군대가 로마를 점령했다. 교황 비오 9세에게는 바티칸의 궁과 정원을 이용할 수 있는 권한만 허락되었을 뿐 독립 국가는 인정되지 않았다. 1929년 라테란 협정으로 교황은 다시 작은 국가(세상에서 제일 작은 국가)를 얻게 되었지만, 로마를 이탈리아 정부의 소재지로 인정하고 과거의 중세 국가를 영원히 포기해야만 했다. 그때부터 교황권은 다시 초당파적인 권력이 되었다. 교황권이 세계 정치에 미치는 영향력은 극히 제한적이지만 완전히 의미가 없지는 않았다. 오늘날 교회 국가(바티칸 시국)에는 약 0.44세제곱킬로미터의 넓이에 약 850명의 주민이 살고 있다.

하지만 오늘날 가톨릭교회의 정치적 영향력이 국가의 크기에 비례한다고 생각한다면 큰 오산이다. 교황을 지지하는 신자의 숫자는 전 세계적으로 약 10억 명을 넘어선다. 가톨릭교회는 구성원의 숫자 때문에라도 세계 정치에서 무시할 수 없는 세력이다. 직접 정치 일선에 나서지는 않지만 정치에 대한 견해를 밝힘으로써 가톨릭 신자의 비율이 높은 국가의 정치에 영향력을 행사할 수 있는 것이다. 이탈리아를 필두로 가톨릭 세력이 강한 많은 국가에서는 교회가 공공연하게 정치에 개입한다. 이탈리아 주교회의는 조세 지출의 원칙을

❖ ― 바티칸 시국의 베드로 광장(위)과 교황청을 지키는 스위스 병사들(아래)

제정하고, 경찰의 전화 도청 허용과 같은 특수한 상황들에 조언을 하기도 했다. 이렇듯 이탈리아 교회는 성직자들이 정치 현안에 개입함으로써 정치에 참여하고 있고 이탈리아 국민의 60퍼센트가 이를 지지한다.

가톨릭교회는 국제 정치의 현안에 대해서도 목소리를 높여 왔다. 2003년 미국이 이라크를 공격하자 당시의 교황 요한 바오로 2세는 이라크 전쟁을 강력하게 반대했다. 물론 그가 이라크 전쟁을 막지는 못했지만, 폴란드 출신인 그가 소비에트 연방의 몰락과 해체에 큰 기여를 했다는 사실에는 논란의 여지가 없다.

신교 교회도 마찬가지다. 기독교는—유대교의 유산으로 인해—평화의 종교이자 이웃 사랑을 실천하는 종교이기에 교회가 평화와 사회 정책에 참여하는 것은 지극히 당연한 일이다.

종교적 가치와 사회적 가치의 균형

그동안 가톨릭교회는 섹스 정책에서 대단히 보수적인 입장을 취해 왔다. 하지만 이제는 다른 분야를 본받아 가톨릭교회도 현대적으로 탈바꿈해야 할 필요성에 맞닥뜨려 있다. 콘돔 사용을 금지하는 것과 같은 교황의 규제(가톨릭교회는 생명을 존중하는 입장에서 자위행위와 콘돔 사용 등을 금하고 있다)는 콘돔이 치명적인 에이즈를 예방할 수 있는 아주 중요한 수단이라는 점만 상기하더라도 폐지되어 마땅하다. 에이즈 사망률이 높은 아프리카 대륙에서는 콘돔 사용이 생사를 좌우하는 문제가 되었다. 고리타분하고 고루한 성 도덕으로는 에이즈와 같은 중차대한 문제를 해결할 수 없다. 실제로 산업 국가들의 가톨릭 신자들 대다수가 교황의 금지령을 지키지 않는다. 다행히도 이 문제에서만큼은 이성이 교회의 정책을 이긴 셈이다. 또 한 가지, 이 문제를 통해 우리는 교황이 곧 교회가 아니라는 사실도 알 수 있다. 교회—교회는 모든 신자들의 공동체다—는 교황권의 한계를 드러낸다.

물론 가톨릭교회는 일정 정도 딜레마에 빠져 있다. 개혁을 하여 현대와 진보의 정신에 적응할수록 신교 교회와 가까워지기 때문이다. 그렇게 되면 장기적으로는 여성이 사제 자리에 진출하는 것을 막을 수 없게 된다. 『신약』에서는 여성의 사제직을 허용하지 않는 근거를 찾을 수 없다. 결혼을 한 사제는 왜 좋은 사제가 될 수 없는지도 이해할 수 없다. 결혼이 성사인데도 말이다. 더구나 사제의 결혼 금지 제도는 11세기에 와서야 도입된 것이다. 교회의 정책 역시 민주적인 형태를 취할 수밖에 없을 것이다. 그리고 민주주의적인 정책은 기독교에 아주 큰 기회를 제공할 것이다. 교회의 재결합이라는 오랜 꿈이 실현될 수도 있을 테니 말이다.

종교와 정치는 서로 분리될 수 없다. 정교政敎의 분리가 바람직한 것도 아니다. 교회는 중요한 사회 문제에 해답을 제공하면서 이런저런 방식으로 정치 활동을 한다. 기독교 신자의 사명은 사회로부터의 이탈이 아니라 참여와 의도적 개입이며, 특히 부정이 득세하는 곳이라면 어디서나 적극적으로 개입해야 한다. 참여는 기독교 최고의 의

미이며 예수를 닮으려는 노력이다.

　나치 시절 기독교 교회는 실패했다. 정의가 무너진 곳에서 침묵했기 때문이다. 나아가 반기독교적 독재에 협력함으로써 스스로를 일종의 이교도적 신앙 공동체로 전락시켰다. 교회는 나치의 득세와 범죄에 공범이 되었다. 대다수의 독일 기독교인들이 신앙을 배반하고 '지도자'에 대한 헌신을 맹세했다. 그것이야말로 '제3제국'이 아무 문제없이 작동할 수 있었던 결정적인 보증서였다. 충격적인 사실은 유대인을 비롯하여 박해받았던 사람들에게 아무도 연민을 느끼지 않았다는 사실이다. 아우슈비츠의 유대인 학살은 기독교 교회의 유대인에 대한 적대감이 오랜 전통으로 자리 잡았기에 가능했다. 기독교인들의 머릿속에 자리 잡은 유대인에 대한 편견이 나치의 유대인 박해를 부채질한 건 아니었는지 우리 모두 다시 한 번 스스로에게 물어볼 일이다.

　연민, 곧 측은지심은 기독교의 정신적 기반이다. 또 기독교의 최고 의무다. 연민과 참여, 이 둘로부터 극도로 정치적이고 활동적인 기독교가 탄생한다. 하지만 역사적으로 꼭 필요한 순간마다 이 두 가지 가치는 외면당했고, 사람들은 타인의 고통에 눈을 감았다. 하지만 한 작은 기독교 단체가 나치 독재에 저항했다는 사실은 꼭 짚고 넘어가야겠다. 마르틴 니묄러Martin Niemöller, 1892~1984의 '목사긴급동맹'에서 출발한 '고백교회' 운동이 그 주인공으로, 이 독일 신교 단체는 1934년부터 나치의 종교 정책에 저항했다. 특히 이들은 독일 기독교인의 대다수가 받아들인 나치의 『구약』 금지 조치에 저항했다.

어떻게 대다수의 기독교인들이 나치의 조치를 수긍했을까? 나치에 대한 집단적 비겁함이라는 말로 전부 설명이 될까? 어쩌면 대부분의 기독교인이 『구약』을 중요하지 않다고 생각할지 모른다. 『구약』은 유대인들의 성서니까. 하지만 나치는 『구약』을 금지시키면서 『신약』 역시 유대인이 기록한 책이라는 사실을 간과했다. 나치는 '고백교회'를 정치 저항 세력으로 해석하면서 박해했다. 그리고 바로 그 때문에 '고백교회'는 순수 교회 운동의 차원을 넘어섰다. 니묄러 목사는 1937년에서

❖ ― 런던의 웨스트민스터 사원에 있는 디트리히 본회퍼 목사의 조각상. 그는 나치 정권에 저항하는 개신교 운동을 이끌었고, 아돌프 히틀러 암살 시도에 가담했다가 발각되어 처형되었다.

1945년까지 '히틀러의 개인 포로' 명목으로 포로수용소에 감금되었다. '고백교회'의 또 다른 주요 인물인 신학자 디트리히 본회퍼Dietrich Bonhoeffer, 1906~1945는 전쟁이 끝나기 직전 플로센뷔르크 포로수용소에서 살해당했다.

미국의 복음주의 국가관에 잠재된 위험

현대 유럽 사회는 종교와 국가의 엄격한 분리를 원칙으로 삼는

다. 정교분리는 유럽 민주주의의 확고한 기반이며 18세기 계몽주의의 유산이다. 하지만 그것이 국가와 교회가 아무 상관이 없다는 의미는 아니다. 특히 사회 분야처럼 교회와 국가는 가능한 많은 부문에서 서로 돕고 협력하고 있다. 민주 국가는 국민의 종교 생활을 지원하고 여러 종교에 대해 중립성을 지키도록 노력해야 한다. 그래야만 종교의 자유가 보장되고 여러 종교 집단이 서로 민주적으로 대화할 수 있는 여건이 조성된다. 물론 국가는 각 종교가 민주주의적 기본 질서를 갖춘 국가에 어떤 자세로 임하고 있는지 늘 관심을 가져야 한다. 민주주의적 자유는 절대 양보할 수 없는 민주 국가의 기반이다.

바로 이 지점에서 미국과 같은 나라에 위험이 존재한다. 신교 '복음주의자'들은 민주적 절차를 거치지 않은 채 정치 시스템을 지배하려고 한다. 이는 민주주의의 변화 가능성과 주기적으로 권력이 교체되어야 할 필요성에 의도적인 공격을 가한다. 신의 지식을 소유했다고 믿는 복음주의자들은 아주 구체적인 정치관을 갖고 있다. "민간 통치자는 신의 시종이어야 하며 (…) 따라서 우리나라의 민간 정부, 그 헌법, 기관, 계획은 성경 법의 원칙과 일치해야 한다." 이러한 생각은 정부가 기독교 가치관을 기초로 삼아야 한다는 그 이상을 요구한다. 한마디로 새로운 신의 왕국을 건설하겠다는 말이다. 실제로 헌법 재판관이었던 복음주의자 안토닌 스칼리아는 2002년 부시 정부가 "도덕적 권위를 신에게서" 얻는다고 주장했다. 정부는 "신의 사자"이고, "복수"의 권력을 갖고 있으며, "분노의 칼"도 휘두를 수 있다고 강조했다. 『구약』의 지배권 해석과 다를 게 없는 말들이다. 민주주의와는 아무런 상관이 없다. 실제로 복음주의자들은 민주주의를 원하지도 않는다. 이들은 종교를 무기로 삼은 독재를 꿈꾼다. 이러한 근본주의 사상은 미국인들의 자랑거리인 민주주의를 일시에 허물어뜨릴 것이다.

기독교가 유럽과 미국 역사의 아주 의미 있는—나쁜 쪽이든 좋은 쪽이든—주축이라는 데에는 이론의 여지가 없다. 기독교는 만인의 동등한 자유사상이 자랄 수 있는 토양이지만, 한편으로는 사회 발전을 가로막는 저항 세력이기도 하다. 종교는 자유 헌법 국가의 토대를 형성할 수도 있지만, 또 한편 (미국의 예처럼) 그 토대를 무너뜨리는 잠재적 위험일 수도 있다.

엄격한 정교분리에도 민주주의 정부와 정치가들은 대부분 정치 판단의 윤리적 근거를 종교에서 찾는다. 순수 기술만으로는 만족스러운 정치가 나올 수 없다는 사실을 잘 알고 있기 때문이다. 기독교 가치를 벗어 던진다면 정치는 완전히 비인간화될 것이다. 신을 잊은 정치는 민주주의의 위험이며, 광신적으로 국가를 종교의 도구로 전락시키려는 행위는 신을 잊은 종교와 다를 것이 없다.

종교의 진정한 사명은 정치적으로 실현된다

이성을 인간 행동의 최고 원칙으로 선포한 18세기 중반 이후 유럽과 미국은 이처럼 긴장감 넘치는 정교의 공존과 대립의 뿌리에서 자라났다. 비록 교회는 정치로부터 추방되었지만 기독교적 요소는 정신적 토양으로 보존되었다. 사실 교회는 정치에서 추방된 것을 기뻐할 수도 있다. 신앙과 정신 수양이라는 본연의 임무에 더욱 충실할 수 있으니 말이다. 앞에서 살펴본 대로 종교와 신앙심이 그 자체로 선한 것이 아니라는 사실 때문에도 정교의 분리는 환영할 만하다. 종교가 악용될 소지는 무한하다. 당연히 독재 정권에도 악용될 가능성이 충분하다.

하지만 또 한편으로 종교는 순수 이성적 사고의 한계를 지적할 수도 있다. 이성적 삶이 반드시 의미 있는 삶은 아니기 때문이다. 이성도 악용될 수 있으며, 특히 과학과 기술처럼 이성을 유일한 가치 판단의 기준으로 생각하는 지점에서는 더더욱 악용의 소지가 높다. 차가운 이성적 사고는 의미와 온기와 애정을 갈구하는 인간의 욕망에 부응하지 못할 때가 많다.

그러므로 문제는 신앙과 이성의 균형이다. 둘의 균형이 맞아야만 신앙은 광기의 독을, 이성은 무의미의 독을 피할 수 있다. 종교적 광신주의자들은 이성을 잃은 자들이다. 자신의 확신이 옳은지 그른지 고민하지 않는다. 맹목적으로 행동하고 물불을 가리지 않고 분노한다. 그렇다고 해서 종교가 정치에 완전히 눈을 감아야 한다는 의미는 절대 아니다. 그것 역시 또 다른 극단일 것이다. 특히 급변하는 시대, 혁명의 시대야말로 종교가 윤리적 기본 가치를 지키며 분명한 입장을 취해야 한다. 반드시 정치적 자세를 가져야 하는 시점이다.

1989년 구동독의 평화 혁명은 교회 역할의 중요성을 보여 준 역사적 사건이었다. 서독의 신교 교회들 역시 주요 사회 문제가 대두될 때마다 논쟁의 촉발점이 되었다. 1970년대 종교적 성향이 강했던 평화 운동이 대표적인 사례다. 원래는 순수 환경 운동이었던 녹색당("환경 보호는 창조를 보호하는 것이다!"라는 기치를 내걸었다) 역시 1970년대의 신교 교회 총회가 없었다면 탄생하지 못했을 것이다.

나아가 감히 종교는 정치적일 수밖에 없다는 주장까지도 할 수 있다. 근본적으로 따지면 종교의 모든 업무는 결국 정치적 업무이지 않은가? 적어도 복음서는 이러한 방향으로 읽어야 할 것이다. 복음서에 담긴 신의 왕국이라는 교리는 만인을 위한 최고의 삶을 연구하는 정신과학이다. 국가와의 관계를 벗어버린다 하더라도 종교는 정치적·사회적 질서의 형태로만 실현된다. 종교가 개인의 덕목과 개인의 구원에만 매달린다면 지상에 신의 왕국을 건설하겠다는 진정한 사명을 저버리는 꼴이 되고 만다. 신의 왕국은 외부의 강제가 아니라 내면의 도덕적 가치를 바탕으로 한다. 이런 가치는 독재와 착취와 일체의 폭력에 저항하며 사랑을 신의 권력으로 내세우기에 결국 정치적이다. 사랑으로 일구어 낸 그런 사회 질서는 교회의 정치적 임무이며 인류의 유토피아다.

❖ 현대 사회는 정교분리를 원칙으로 하지만 종교와 정치가 무관할 수는 없다. 예수 그리스도는 정치적 사건에 연루되어 십자가에 못 박혔고, 심지어 가톨릭교회는 바티칸이라는 '국가'를 거느리고 있다.

❖ 예수의 재림이 이른 시기에 이루어지지 않을지도 모른다는 생각에서 기독교는 교회와 성당이라는 '신의 왕국'을 흉내 낸 기관을 짓기 시작했다.

❖ 5세기에 서로마 제국이 멸망한 뒤 아우구스티누스는 '신의 왕국'이라는 개념을 구상했다. 하지만 로마 가톨릭은 비잔티움 제국 교회와 대립하는 과정에서 교황권을 확립하고 국가 형태의 교회 국가를 건설했다.

❖ 종교(교회)는 신자의 지지를 바탕으로 국가의 정치와 정부의 정책에 개입하고, 국제 정치에서도 어느 정도 영향력을 발휘하고 있다.

❖ 오히려 정치에 침묵함으로써 종교는 스스로 사명을 포기하기도 했다. 나치 독일의 독재에 눈을 감고 '지도자'에 충성함으로써 신앙을 배반했다. 그리고 유대인 학살을 방조했다. 나치 독일의 만행에 독일 기독교는 공범이었다.

❖ 자국을 기독교 국가라 자처하는 미국의 정부는 개신교 복음주의 국가관의 후광을 누리면서 패권주의를 내세우고는 한다. 하지만 이러한 광신적 사상과 행위는 미국의 민주주의를 크나큰 위험에 빠뜨릴 수 있다.

❖ 종교가 추구하는 가치는 정치적 질서를 통해서 실현될 수 있다. 정치와 종교가 균형을 이룰 때 신앙은 광신의 독을, 이성은 무의미의 독을 피할 수 있다.

종교는 왜 인간의 성性을 문제시할까

힌두교의 성

종교 자체는 성을 문제시하지 않는다. 만일 문제시한다면 그것은 인간이 안고 있는 성에 관한 문제를 종교에 끌어들였기 때문이다.

종교마다 성을 바라보는 관점에는 큰 차이가 있다. 예를 들어 힌두교는 성을 번식의 원동력이자 신을 체험하는 데 있어 긍정적으로 작용하는 힘으로 본다. 따라서 성욕을 기쁨과 쾌락의 원천으로, 나아가 황홀경의 원천으로 찬양한다.

성욕은 사랑과 아주 긴밀하게 연결되어 있기 때문에 인간의 가장 의식적인 충동이다. 성은 우주에 활동하는 생명력의 하나이며 우주의 조화를 이루는 일부분이다. 그런 성에 그늘이 드리워져 있을 리 만무하다. 성을 두려워해야 할 이유는 어디에도 없다. 성은 창조적 에너지를 방출할 수 있는 길을 열어 준다. 심지어 요가와 마찬가지로 더 높은 의식의 힘을 흠뻑 받아들일 수 있게 만들어 준다. 힌두교에서 요가는 구원에 이르는 실천적 수단이다. 호흡 하나하나까지 의식적으로 조절하는 신체 훈련을 통해 명상 방법을 알게 해 준다.

힌두교는 성을 요가나 금욕, 신에 대한 사랑처럼 무한한 윤회의 사슬을 끊을 수 있는 구원의 길로 생각한다. 물론 그렇게 되려면 고대 인도의 『카마수트라』에 기록된 대로 특별한 섹스 기술이 필요하다. 성을 통해 금욕할 때와 동일한 정신력을 발산할 수 있다. 성을 통한 연인과의 합일에서 만물의 무한한 합일이 현현하는 것이다.

고대 인도의 그림이나 조각에는 사랑을 나누는 남녀의 모습이 가득하다. 그리고 그 연인들은 항상 쾌락과 황홀경과 정신적 몰입 상태에 있다. 사랑—성적 사랑—안에서 우주의 브라만(유일자, 즉 신)이 인간의 영혼(아트만)과 녹아 하나가 된다는 사상의 표현이다. 사랑하는 연인들은 황홀경 속에서 신과 하나가 되거나, 적어도 하나가 된 듯한 느낌을 갖는 신비를 경험한다.

인도의 세 주신(세계를 창조하는 브라마, 세계를 지키는 비슈누, 세계를 파괴하는 시바) 중 하나인 시바는 신과 우주의 힘인 성이 가장 강력하게 표현된 신이다. 시바는 금욕하는 신이자 요가 수행자들의 대장이지만, 한편으로는 육감적인 아내(두르가)가 있고 '생식의 신'으로 남근의 상징을 달고 다니기 때문에 많은 고대 문화권에서 생식력의 상징이 되었다. 비록 '파괴의 신'으로 불리기는 하지만 남근의 상징은 그가 가진 창조력 전체를 대변하며, 아내 두르가도 여성의 창조력을 상징한다. 시바는 파괴하며 새로운 것을 준비하는 자다. 성도 이와 비슷하게 이

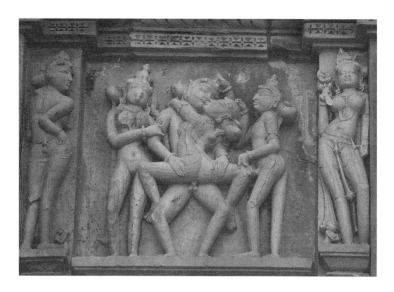

❖ ― 남녀의 성행위를 묘사한 인도 카주라호 사원의 조각

중적인 의미로 해석될 수 있다. 창조력으로, 하지만 (여성을 억누르는 남성의) 억압 수단으로.

　근본적으로 힌두교는 성에서 두 가지 에너지가 활동하며, 이상적인 경우 그 두 에너지가 합일된다고 본다. 외부로 나가 물리적 번식에 기여하는 순수하게 육체적인 에너지와 안으로 향하는 정신적 에너지가 바로 그것이다. 시바의 아내 두르가를 숭배하는 샤크티파는 남성과 여성을 대립물로 보지 않는다. 성적 결합을 통해 남자와 여자는 완벽한 '재결합'을 이루며, 그를 통해 원래의 분리되지 않은 하나가 될 수 있다.

　이러한 교리는 불교에도 이른바 바지라야나Vadjrajana, 밀교의 형태

로 흔적을 남겼다. 밀교에 미친 힌두교의 영향 가운데 하나로 샤크
티즘을 들 수 있다. 샤크티즘은 전 우주는 물론 개인의 인생에서도
여성적 원칙이 아주 중요하다고 본다. 성스러운 여성과 성적 합일을
통해 남성은 영원한 세계의 힘과 합일되는 단계, 일종의 해탈을 경
험한다.

이슬람교의 성

　　초기 이슬람교도 성과 성애를 신의 힘으로 추앙했다. 때문에 초
기 이슬람교의 문헌 중에는 오늘날과는 정반대로 에로틱한 텍스트
가 넘쳐났다. 이슬람 신비주의 수피즘은 육체적 사랑에 대한 유일하
고도 위대한 고백이라고 할 수 있다. 여자에 대한 남자의 사랑—남자
에 대한 여자의 사랑에 대해서는 언급하지 않는다—은 알라에 대한
사랑과 하나다. 여성의 아름다움은 신성의 여운이며 알라의 아름다
움이 비친 거울이다. 물론 모든 여성이 아름다운가 하는 문제가 나
올 수 있겠지만, 그 질문까지는 여기서 다루지 않겠다.

　　이슬람의 선지자 무함마드를 계승한 칼리프의 시대에 이르면서,
『천일야화』의 에로틱한 분위기에서도 느낄 수 있는 것처럼, 에로스
숭배는 최고의 형태로 발전했다. 아바시드 칼리프 시대750~1258년의 바
그다드의 궁정에서는 공식적인 '사랑 파티'가 열렸다. 특히 칼리프 하
룬 알라시드Hārūn al-Rashīd, 766?~809의 궁정은 금욕적인 기독교 문화의

서양인들에게는 그야말로 동화에나 나올 법한, 에로틱 문화의 정수를 형성했다. 이러한 삶의 방식은 선지자의 삶과도 무관하지 않았다. 무함마드는 아내가 11명이었고 애인은 셀 수 없을 정도로 많았다. 물론 이러한 삶은 무함마드 인생의 두 번째 단락에만 해당된다. 그의 인생 첫 단락에서는 결혼에 높은 가치를 부여하는 이슬람 결혼관의 모범이 될 만한 남편으로서 살았다.

무함마드의 첫 번째 부인 하디자는 25세이던 무함마드와 결혼할 당시 이미 40세였지만, 두 사람은 아주 행복한 결혼 생활을 했다. 기록을 믿어도 좋다면 하디자는 75세에 세상을 떠났고, 그때까지 무함마드는 아내에 대한 정조를 지켰다고 한다. 하지만 아내가 세상을 떠나자 무함마드의 에로틱한 기질이 마음껏 발산되기 시작했다.

여성을 대하는 무함마드의 태도는 이중적이었다. 그는 여성을 찬양하면서 멸시했다. 무함마드의 언행을 수록한 『하디트』를 보면 이런 무함마드의 말이 나온다. "여자는 전부가 다 성이다." 남자의 성에 대해서는 아예 존재하지도 않는다는 듯 아무런 언급이 없다. 이슬람의 종교 철학자 아부하미드 무함마드 알가잘리Abu-Hāmid Muhammad al-Ghazzāli, 1058~1111도 "아랍인들은 본성상 아주 관능적이다"라고 말했다. 성자들도 포함해서 말이다.

원래 이슬람에서는 성이 아름답고 선한 것이었으며 창조 행위를 반영하는 "신이 좋아하시는 과업"이었다. 번식에 기여할 뿐만 아니라 성이 불러오는 쾌락으로 낙원의 환희를 미리 경험하게 해 주기 때문이다. 이슬람의 낙원은 영원한 쾌락의 정원이다. 물론 남자들에게만 그랬다. 그런데 아무리 늦어도 이 시점에 이르러 이슬람교도 성 문제를 겪기 시작했던 것 같다. 이슬람교도 다른 여느 종교와 마찬가지로 교리와 남성, 여성 사이에 문제가 나타났던 것이다.

무함마드는 여러 명의 아내, 수많은 애인과 더불어 실천에 옮긴 자신의 행동이 신도들의 모델이 될 만하다고는 생각하지 않았다. 선지자는 신자들에게 자신의 부인이 네 명이라고 속였고, 애인들에 대해서는 아예 언급조차 하지 않았다. 근본적으로 이슬람교는 성을 결혼을 해야만 허락되는 것으로 본다. 모든 이슬람 남성들이 그 명령을 지키는지의 여부는 다른 문제다.

이후 이슬람교는 여성의 성을 남성의 판단 착오와 혼란을 불러일으킬 수 있는 사악한 힘이라고 보기 시작했다. 성이란 남성을 유혹하기 위한 여성의 도구이고, 남성은 성적 충동이 너무 강해서 이런 유혹을 이기지 못하므로 성은 위험한 것이다. 『쿠란』은 여성의 유혹으로부터 충동적인 남성의 본성을 지키기 위해 네 명의 부인을 허락했다. 아내들은 남편이 원할 때 언제라도 남편을 맞이해야 하며, 그렇지 않을 경우 "천사가 그를 저주할 것이다."

무함마드의 생각에 따르면 여성은 전체가 성기이므로 정통 이슬람 교리는 여성이 남성의 쾌락과 향락을 위해, 그리고 아이를 낳기 위해 창조되었다고 본다. 『쿠란』233장 2절에는 이런 구절이 있다. "너희 아내는 너희에게 들판과 같다. 때문에 언제든지 어떻게든지 너희가 원하는 대로 너희의 들판에 가거라." 남성에게도 아내를 성적으로 만족시켜 줄 의무가 있다. 이슬람 남성의 관념에서 보자면 만족하지 못한 아내는 악마보다 더 위험하기 때문이다.

이슬람은 어떻게 성을 왜곡했는가?

한 가지 사실만은 분명하다. 종교를 이용하여 성, 특히 여성의 성을 통제하고 조종한다는 점이다. 긍정적인 시각을 갖고서 성을 신의 작품으로 볼 수는 있지만, 종교가 정한 규준을 벗어나서는 안 된다. 혼외정사는 악마의 일이다. 이슬람의 선지자는 이렇게 말했다. "여자가 방에 들어오면 악마가 들어오는 것과 같고……." 이슬람 세계에서는 지금도 결혼하지 않은 남녀가 단둘이 있게 되면 당장 악마가 작업을 한다고 말한다.

그러므로 이슬람에서는 결혼이 여성의 '음란'과 유혹의 힘을 막아 주는 일종의 방패다. 혼란과 불만을 야기하는 성 문제를 여성을 희생시켜, 즉 여성의 성을 감시함으로써 해결하려는 것이다.

이슬람교 이전 시대에는 아랍 여성들도 자유롭게 성을 즐겼다. 다양한 형태의 자유연애가 성행해서 남자와 여자가 일정 기간 함께 사는 이른바 향락 결혼(아랍어로 '무타')도 있었다. 동시에 여러 명의 남성과 성관계를 가지는 여성도 적지 않았다. 하지만 이슬람교가 들어선 이후 이러한 '이교도적' 풍습을 엄히 다스렸다. 여성의 성적인 힘과 자유를 이슬람 사회를 위협하는 위험물로 간주했던 것이다. 그리하여 결혼은 이성에 대한 남성 지배의 표현이 되었다. 결혼은 한 성

✤ ― 베일로 온몸을 가린 무슬림 여인들. 이슬람 여성들이 몸을 가리는 베일에는 부르카, 히 잡, 니캅, 차도르 등이 있다. 각 나라에 따라 신체의 노출 정도가 달라지고 베일의 종류도 달라 진다.

에 대한 다른 성의 절대 권력을 낳았고, 이를 무함마드는 신의 가장 성스러운 의지라고 찬양했다.

이슬람교에서는 남녀의 성이 남성에게만 유리하도록 규제된다. 남성은 여성의 유혹에 넘어가는 희생물이며, 성적 충동의 희생물이 다. 남자는 거의 항상 섹스를 생각하기 때문에 남자가 이성을 잃지 않도록 여자가 몸을 가려야 한다.

이렇게 볼 때 대부분의 종교가 겪고 있는 성의 문제는 결국 남성 들의 문제가 아닐까? 공공장소에서 여성의 성적 매력이 문제가 되는 것은 그녀를 바라보는 남성의 시선이 탐욕의 시선으로 돌변하기 때문이다. 그리고 그것은 남성만의 문제가 아니기에 여성 역시 남성의 성적 매력으로부터 보호를 받아야 한다. 즉 남성들 역시 여성의 욕망에 불을 지르지 않기 위해 온몸을 칭칭 휘감아야 할 것이다.

『쿠란』 33장 59절에 이런 구절이 있다. "너의 아내, 너의 딸들, 신자의 딸들에게 말하여라. 망토(히잡)을 뒤집어써라. 그리하면 모슬렘의 여인으로 인정을 받고 치근거림을 당하지 않을 것이다." 이 구절을 다른 말로 하면 이슬람 남자는 여자를 치근거리는 무뢰한들이고 몸을 완전히 가리지 않는 여성은 치근거림을 당해도 싸다는 뜻이다. 결국 남성은 자제력이라고는 없는 한심한 존재라는 말밖에 안 된다. 여성의 유혹에 넘어간다는 '사탄의 욕망'도 결국은 남성 자신의 욕망이다. 실제로 이슬람 남성들이 그렇게 유혹에 약한 인간들이라면 여성의 베일조차 보지 못하도록 눈가리개로 눈을 꽁꽁 동여매야 완벽한—공정한—방비책이 될 것이다('베일'은 이슬람교의 창작물이 아니다. 이슬람교가 탄생하기 전부터 비잔티움과 페르시아의 도시 여성들이 애호하던 의류의 일종이었다. 이 사실을 통해서 베일을 이슬람의 여성 억압에 대한 상징으로 생각해서는 안 된다는 점을 알 수 있다. 베일은 현대 서구 사회의 여성들 사이에도 한동안 유행했던 패션 스타일이다. 베일이 억압의 도구가 되는 곳은 베일을 쓰지 않은 모든 여성을 남성의 성적 대상으로 삼아도 좋다고 생각하는 남성 지배 사회뿐이다).

기독교의 성

성—여기서의 성이라는 말은 이미 여러 차례 강조했듯이 주로 여성의 성을 말한다—이 이슬람교만의 문제라고 생각한다면 큰 오산이다. 성 문제에 관한 한 이슬람교는 완전히 유대교와 기독교의 전통을 따르고 있다.

『성경』에서 말하는 이른바 원죄는 오늘날까지도 3대 유일신 종교의 밑바탕에 깔려 있는 여성에 대한 적대감을 형성한 정신적 초석이다. 『성경』에는 하와가 아담에게 인식의 열매를 먹도록 유혹했다고 되어 있고, 여기서 말하는 '인식'이란 곧 '성적 인식'을 의미한다. "그러자 그 둘은 눈이 열려 자기들이 알몸인 것을 알고, 무화과나무 잎을 엮어서 두렁이를 만들어 입었다." 다시 말하면 두 사람이 동침을 했고, 그 후 난생처음으로 벌거벗은 몸을 부끄러워했다는 뜻이다. 하와, 더 정확하게 그녀의 나신은 (뱀의 형상을 띤) 사탄의 도구로 등장하며, 그 결과 여성 자체가 (악마의) 뱀으로 취급되기에 이른다.

성은 인간에게 남은 동물적 측면이다. 성과 더불어 몸 역시 부정되고는 한다. 신의 형상으로 빚어진 존재가 동물처럼 행동해서야 되겠는가. 하지만 그렇게 생각할 경우 신이 인간을 남자와 여자로 창조했고 축복을 내리며 이렇게 명한 이유가 설명되지 않는다. "자식을 많이 낳고 번성하여 땅을 가득 채우고 지배하여라." 성이 없다면 절대로 불가능한 일이다. 사탄이 나타나 인식의 열매를 먹으라고 유혹할 때까지 아담과 하와는 번식을 할 생각을 하지 못했다. 서로를 별개의 성으로 보지 않았던 것이다. 열매를 한 입 베어 먹고서야 그들의 눈이 열렸다. 성에 눈을 뜬 것이다.

기독교, 특히 가톨릭이 성을 문제시하는 경향이 강하다. 성은 인간과 동물이 공유하는 것인데, 가톨릭에서는 (뱀으로 인해) 동물이 부정적으로 그려진다. 가톨릭은 동물을 좋아하지 않는다. 기독교는 성을 진정한 기독교도의 삶에 방해가 되는 동물적 유산으로 본다. 성은 사악하고 타락으로 이끈다. 신이 좋아하실 삶을 살기 위해서는 성과 투쟁해야 하고, 육신의 권력, 유한한 것과 투쟁해야 한다. 그리고 육신과 대립되는 것으로 불멸의 영혼을 내세운다. 하지만 이러한 생각은 영혼이 육신과 뗄 수 없는 관계에 있다는 사실을 간과한 것이다.

물론 기독교 신학에도 남녀의 영적인 성—이른바 사랑이라고 부르는—에 대한 관념은 존재하지만, 교회는 늘 성을 저급한 것으로, 또 그 자체로는 나쁜 것이라고 강조해 왔다. 신에 대한 사랑(아가페)을 통해서만 성은 저급한 수준에서 벗어날 수 있다. 에로스(성적 사랑)는 아가페를 통해야만 동물적인 것과 구분되는 인간적인 것이 된다. 기독교가 말하는 사랑에는 이 두 가지 형태의 사랑 외에 제3의 형태인 카리타스, 즉 행동하는 사랑, 연대감이 추가된다.

사도 바오로와 마녀 사냥

『성경』의 첫 장에서부터 여자는 궁지에 몰렸고, 지금까지도 그 상태에서 벗어나지 못하고 있다. 당연히 선택받은 유대 민족과 신의 동맹 역시 남성 동맹일 가능성이 높다. 이 동맹은 소년의 할례로 확인된다. 여성은 이러한 상징의 동맹에 끼지 못한다.

여성 기독교인 입장에서 보면, 사실상의 기독교 창시자인 사도 바오로가 예수와 달리 여성을 증오하고 비난한 사람이었다는 사실이야말로 불운이 아닐 수 없다. 여성에 적대적이었던 바오로는 기독교의 부정적인 여성상은 물론 (우리가 생각하는 것 이상으로 유대교·기독교 전통과 결부되어 있는) 이슬람교의 여성상에도 큰 영향을 미쳤다.

사도 바오로는 기독교인의 자유는 "창조의 주인"에게만 해당되는 사항이라고 보았다. "여자들"은 신의 뜻에 따라 "주인인 남자들에 예속되어 있다. 그리스도가 기독교 공동체의 수장이듯 남자가 여자의 우두머리이기 때문이다." 이런 정신적 토양이 있었기에 중세에 이르러 마녀 사냥이 성행할 수 있었다. 자의식 강하고 (여성의 순종을 요구하는) 사회에 잘 적응하지 못하며 지식과 자유, 독립을 추구하는 여성은 마녀라는 이름으로 핍박받았고 하와처럼 악마의 동반자로 해석되었다. 특히 성적 매력이 넘치는 (빨강 머리) 여성이 결혼을 거부하고 자유분방한 삶을 살 경우 곧바로 마녀로 몰려 박해를 받았다. 이 모두는 여성의 성에 대한 남성의 태곳적 두려움이 주된 원인일 수 있다.

신을 남성이라고 생각하는 종교는 애당초 문제의 소지를 안고 있다. 여성은 남성 신을 자극하는 요물이기에 억압하고 물리쳐야 할 존재다. 따라서 여성을 억압하는 것은 곧 신의 여성적 측면에 대한 억압으로 해석할 수도 있다.

이런 맥락에서 유일한 예외가 있다면 바로 수녀다. 기독교의 수녀는 그리스도의 정신적인 신부로 해석되며, 따라서 잠재적이지만 아주 정력적인 성애와 연결된다. 유명한 수녀들의 문헌은 에로틱하며 은밀한 성적 이미지들로 가득하다.

기독교에서 여자는 아니되 여성성을 간직한 유일한 존재가 천사다. 여성의 성은 기독교의 천사 이미지를 통해 마침내 휴식을 찾았다. 신의 여성적 측면이 천사의 형태를 띠고서 천상의 왕좌 주변을 맴돌게 된 것이다.

그래도 요즘 기독교는 옛날과 다르지 않느냐고 생각할 수 있겠지만, 그건 완전한 착각이다. 가톨릭과 그리스 정교회는 여전히 성을 악의 이미지로 그린다. 성은 오로지 결혼의 틀 안에서만 허용된다. 성은 결혼 제도 안에서만 섹스 이상의 의미를 띨 수 있다. 성을 통해 남성과 여성은 가장 심오한 자신의 본성을 인식하지만, 그것은 "아이를 낳기 위해, 즉 노력의 열매를 맺기 위해" 성행위를 했을 경우에만 해당된다. 지금도 가톨릭교회는 성 자체를 위한 성행위를 비난한다. 결혼을 한 경우에도 마찬가지다. 때문에 인공적인 피임을 엄격하게 반대한다.

하지만 이러한 관점은 21세기를 살고 있는 젊은이들의 현실을 완전히 무시한 처사다. 다행히 가톨릭교회의 상부에서도 이런 현실을 자각하고 있고, 피임과 혼외정사에 대한 고루한 성도덕에 반대하는 목소리가 교회 내부에서도 높아지고 있다. 콘돔이나 피임약을 금지하는 것은 건강한 인간 이성에 위배된다. 만약 교회가 성에 대한 보수적 입장을 유지한다면 결국 교회와 사회의 간극을 키우는 결과를 낳을 뿐이다.

❖ 힌두교는 남녀의 사랑 안에서 만물의 합일이 현현한다고 본다.

❖ 초기 이슬람에서는 성과 성애를 신의 힘으로 보았고, 여성의 아름다움을 신성의 여운으로 해석했다.

❖ 아랍 문화권은 남녀를 막론하고 성적으로 개방된 세계였으나, 이슬람교가 지배한 뒤 남성이 여성의 성을 억압하는 구조가 형성되었다.

❖ 여성과 성에 대한 이슬람의 폐쇄성은 유대교와 기독교의 전통을 따른 결과다.

❖ 『성경』의 원죄 이야기로 인해 기독교에서 여성은 창세부터 궁지에 몰렸다. 그리고 사실상의 기독교 창시자인 사도 바오로가 여성에 적대적이었던 사실 역시 여성에게는 불운이었다. 기독교 안에 잠재된 여성 혐오는 중세의 마녀 사냥으로 이어졌다.

종교에서 동물은
어떤 의미일까

동물 신과 인간신

누가 감히 동물은—식물 역시—사람보다 신과 가깝지 않다고 말하는가? 인간을 신의 형상으로 생각하는 기독교는 동물에 관심이 없지만, 다른 종교들은 기독교와 관점이 많이 다르다. 동양 종교의 윤회 사상에서는 영혼이 인간과 동물, 식물을 가리지 않고 이생에서 다음 생으로 옮겨 다닌다고 생각한다. 때문에 힌두교도나 불교도는 동물을 함부로 대하지 않는다. 다음 생에서 나도 동물로 환생할 수 있기 때문이다.

서양의 고대 종교들에서도 동물은 높은 지위를 누렸다. 사람들은 동물을 사람의 형제나 조상으로 여겼다. 사실 인간도 선사 시대에는 동굴에 살고 날고기를 먹는 등 동물과 다를 바 없이 살았다. 캐나다와 알래스카 이누이트의 옛날 동화는 늘 같은 구절로 시작된다. "옛

✤ ― 캐나다 빅토리아주의 선더버드 공원에 있는 토템 기둥. 선사 시대에는 종교의 신이 동물 형상을 띠다가. 초기 문명 시대에 이르러 인간과 동물이 합성된 형태를 취한다. 그러다가 문명이 발달함에 따라 신은 완전히 인간의 모습을 띠게 된다.

날 옛적 사람이 사람이었다가 동물이었다가 했던 시절에……." 선사 시대의 사람은 자연을 신성한 생명체가 사는 신성한 공간으로 생각했고, 인간은 그 생명체들 중 하나에 불과한 존재였다. 자연에 대한 일체의 개입은 제식 행위였다. 특히 동물을 죽일 경우 반드시 제식이 따랐다. 신성한 의식을 통해 훼손된 자연이 회복된다고 믿었던 것이다. 사람과 밀접한 관계에 있는 동물들은 특별히 대접했고, 그중에서도 특히 토템 동물들은 특별한 숭배의 대상이 되었다. 이 동물들은 절대로 함부로 죽일 수 없었다. 특정한 조건과 상황에서만 죽이고 먹을 수 있었다. 이 동물들에게는 다른 동물들보다 훨씬 신성한 힘이 있다고 생각했다.

토템 의식은 종교의 전신前身이며, 토템 성찬은 신에게 바치는 제물의 전신이다. 따라서 고대에는 이집트 같은 고등 문화권에서도 동물 제물과 사람 제물을 구분하지 않았다. 하지만 동물을 길들여 가축으로 삼고 목축을 하게 되면서 토템 의식은 힘을 잃었다. 동물 형상을 한 과거의 악령은 인간의 신체와 특성을 갖춘 신으로 승격되었다. 하지만 그 신의 형상은 인간을 닮았지만 머리만은 동물의 형태였다. 동물 신에서 인간신으로 넘어가는 과정을 이보다 더 확실하게 입증할 수 있는 사례는 없을 것이다. 신성한 동물에서 출발하여, 동물 신을 거쳐, 이집트의 왕(파라오)으로 구현되는 인간신의 과정은 거의 직선으로 이어진다.

고대 그리스에 이르러 신의 인간화는 더욱 진척된다. 동물은 신의 형상을 벗고 신성한 동물이 되어 인간신을 보좌한다. 그리고 시간이 갈수록 제식에서 차지하는 동물의 역할은 줄어들었다. 고대 그리스 철학은 인간과 동물의 관계를 새롭게 정의했다. 그리고 마침내 플라톤Platon, BC 427?~BC 347?에 이르러 동물은 신계에서 완전히 추방되어 인간과 대등한 위치로 인간 옆에 자리하게 된다. 주어진 상태로 멈춰 있는 동물에 비해 인간은 노력하고 발전하기에 동물 중에서 특별히 재능이 뛰어난 존재로 여겨졌다.

유대교의 동물관

유대교와 기독교는 신격화되었다가 점점 지위가 떨어진 동물관을 계승하여 더욱 첨예화시켰다. 인간의 원죄는 사람보다도 동물에게 더 가혹한 결과를 초래했다. 낙원에서 내쫓겼을 뿐만 아니라 서로를 잡아먹어야만 하는 힘든 상황에 처하게 된 것이다.

에덴동산의 동물들은 평화롭게 공존했다. 사자도 나무 열매와 에덴동산의 수풀을 먹고 살았다. 그런데 정작 낙원의 행복을 파괴한 장본인인 인간은 앞으로 자연을—그와 함께 동물도—지배하라는 신의 명령을 받는다. 무엇으로? 당연히 폭력이었다. 그것 말고 다른 무슨 방법이 있겠는가. 처음에는 동물을 죽이거나 잡아먹지 말라고 명령했던 신도 노아의 홍수가 끝나자 인간에게 고기를 먹어도 된다고 허락했다. "땅의 모든 짐승과 하늘의 모든 새와 땅바닥을 기어 다니는 모든 것과 바다의 모든 물고기가 너희를 두려워하고 무서워할 것이다. 이것들이 너희의 손에 주어졌다. 살아 움직이는 모든 것이 너희의 양식이 될 것이다. 내가 전에 푸른 풀을 주었듯이, 이제 이 모든 것을 너희에게 준다." 신 자신이 제물로 동물의 고기를 좋아한다는 사실을 떠올린다면 그리 놀라운 일도 아니다.

동물에게 인간과 동등한 지위를 부여한 유일한 성서인 「코헬렛」(「전도서」)은 정식 성서에 포함되지 못하고 교화教化 서적으로 분류된다. 「코헬렛」의 동물관은 성경과 너무나도 달라서 거의 불교 분위기를 풍기며 동양의 모든 종교를 관통하는 정신적 기류가 느껴진다. 인간은 그 의미를 파악할 수 없는 거대한 우주의 순환 과정에서 미미한 일부에 지나지 않는다. 나고 죽는 것이 동물과 다르지 않기에 인간도 동물보다 높은 자리에 있지 않다. 하지만 동물을 사랑하고 동물과 친근했던 솔로몬(「코헬렛」의 저자는 자신을 '예루살렘에서 다스리던 이스라엘의 임금'이라고 소개하고 있다. 솔로몬 이후 유대 민족의 왕은 유다 지역만을 다스렸기 때문에 성경학자들은 이 책의 저자를 솔로몬으로 추정했다. 하지만 오늘날의 학계는 예루살렘에 거주하던 지식인인 것으로 보고 있다)의 지혜들은 유대교와 기독교의 전통에 묻혀 거의 반향을 일으키지 못하고 이물질처럼 성경과 겉돌았다.

하지만 옛 유대교에도 동물을 보호하는 전통이 있었다는 사실을 떠올린다면 유대교와 기독교를 관통하는 동물 경시 풍조가 오히려 놀랍다. 유대교 동물 보호의 핵심은 두 가지 명령으로 집약된다. 동물을 괴롭히지 말고, 동물을 아무 이유 없이 죽이지 말라는 명령이 그것이다. 여기에 사람은 자신이 기르는 동물에게 먼저 먹을 것을 준 뒤에 식사를 해야 한다는 명령이 추가된다. 이렇게 본다면 현대 유럽의 동물권 사상은 유대교에 그 뿌리를 두고 있는 셈이다.

유대교에서는 지금도 동물을 단시간에 고통 없이 죽여야 한다고 생각한다. 동물을 단칼에 죽이는 유대교식 도살은 고대의 제식에 따른 것이 아니라 동물을 배려하기 위한 것이다. 때문에 이슬람교와 달리 유대교에서는 교육을 받은 '쇼헷'만이 도살을 할 수 있었다. 심지어 쇼헷은 랍비가 받는 교육을 받아야 하며 '성격적으로 그 일에 적절한' 사람이어야 한다. 이슬람교에서는 누구나 도살을 할 수 있기 때문에 기술을 갖추지 못한 사람이 무딘 칼로 동물을 죽이면서 잔혹한 동물 학대가 일어날 소지가 적지 않다. 동물에 대한 유대교의 배려는 기독교와 달리 동물에게도 영혼과 의식이 있다는 사상에서 연유한다.

신으로부터 부여받은 권한과 자연 파괴

그리스도의 상징으로 양—인류를 위해 희생한 '하느님의 어린 양'—이 사용되었음에도 기독교는 처음부터 동물에게 무심한, 심지어 부정적인 태도로 일관했다. 복음서에서 동물은 아무런 역할을 하지 않는다. 동물이 거론되는 경우는 예수가 동물을 잡아먹거나 타고 다니는 등 동물을 이용하는 상황에서뿐이다. 그 밖에는 예수의 비유나 잠언에서만 등장한다. 예수가 동물을 위해 애썼다는 증거는 복음서 어디에서도 찾아볼 수 없다. 예수의 관심은 오로지 인간이었다. 인간을 향한 시선이 깊다는 예수도 세상과 자연을 바라볼 때는 시각이 상당히 협소했다.

이처럼 관심이 오로지 인간에게 있기에—인간만이 신을 믿을 수 있는 능력이 있기 때문에—기독교가 동물을 종교의 주체로 인정하지 않는 것은 그리 놀랄 일이 아니다. 동물이 주된 관심사가 아니기 때문에 결국에는 신의 창조에 대해서도 그다지 신성하게 여기지 않는다. 이런 이유에서 기독교는 아주 오랫동안 신의 창조물을 지키기 위한 도덕적 힘을 제대로 발휘하지 못했다. 미국의 열성적인 신교 신자들을 보면 놀랍게도 자연보호와 환경보호 문제에 무심하기 이를 데가 없다. 놀랍게도 신을 향한 그들의 사랑에는 신의 창조에 대한 사랑이 포함되어 있지 않다.

동물에 대한 기독교의 무관심은 동물에게 영혼이 없다는 견해에서 정점에 달한다. 인간에게는 불멸의 영혼이 있지만 동물의 영혼은 육신과 더불어 소멸된다고 본다. 실제로 지금까지도 가톨릭의 종교 수업 시간에는 동물은 사물과 다르지 않다고 가르친다. 하지만 동물을 살아 있는 생명체가 아닌 물건으로 생각하는 아이는 한 명도 없다. 어린아이들의 경우 개나 고양이도 사람과 똑같다고 생각한다.

❖ — 자연을 정복하고 개척하는 것이 정당하다고 믿었던 과거 서구 사회의 인식은 신으로부터 자연을 다스릴 권한을 부여받았다는 기독교 세계관의 영향이 컸다.

영혼이 없기에 동물은 천국에서 멀리 떨어뜨려 놓기가 쉽다. 그래서 기독교의 내세에는 동물의 영혼이 없다. 인간이 동물에게 가하는 고통은 천국에까지 영향을 미치지 않기에 인간으로서는 좋은 점도 있겠지만, 동물의 영혼이 없는 내세는 얼마나 따분하겠는가. 식물의 영혼도 천국에 들 자격이 없는지 신에게 물어보고 싶은 심정이다. 나무와 꽃의 영혼이 없는 낙원은 너무 황량할 것 같으니 말이다. 오랫동안 기독교는 고통받는 피조물에 대한 연민조차 이교도적인 감정으로 치부했다. 사물과 다를 바 없는 동물에게는 고통을 주어도 괜찮다는 기독교적 질서에 반하는 감정이기 때문이다.

분명 기독교에도 동물을 향한 형제애나 자매애가 잠재의식으로 깔려 있지만, 그런 감정은 가장 깊은 곳에 자리한 인간의 영혼을 혼란에 빠뜨리고 불안하게 만든다. 동물과 인간은 똑같이 생명을 가졌을 뿐 아니라 똑같이 죽음을 맞는다. 어쩌면 기독교인들은 자기도 모르는 사이에 동물을 부러워하고 있는지도 모른다. 동물은 자신의 유한성에 대해서 생각하지 않고, 따라서 영원한 소멸에 대한 공포를 느끼지 않을 테니 말이다. 동물은 기독교인들이 갖고 있는 소멸에 대한 두려움에서 자유롭다. 하지만 그 어떤 말로도 영혼이 없다는 동물에 대한 기독교인들의 경멸은 정당화될 수 없다.

동물에 대한 경멸은 언어에까지 반영되어 있다. '인간적인 것'은 선한 것과 동의어이고, '동물적인 것'은 나쁜 것과 같은 뜻이다. '동물적', '야만적', '짐승 같은' 등의 수식어가 붙는 인간은 최악의 범죄를 저지른 이들이다.

'살인하지 말라'와 '살생하지 말라'

동양의 종교는 기독교와 달리 동물과 인간이 동등하다고 본다. 인간과 동물은 똑같이 구원이 필요한 존재다. 모든 현존은 지금보다 더한 현존을 탐하기에 고통스럽고, 모든 피조물은 이런 고통을 겪어야 하기에 형제다. 따라서 불교 신자들은 완벽한 마음의 평화를 통해 이런 탐욕의 사슬을 끊으려고 한다. 고도로 철학적인 이 종교는 의식적으로 자연과 생명을 향해 눈과 마음을 활짝 연다. 힌두교도 이와 비슷하다.

'살인하지 말라'라는 기독교의 계명은 처음부터 '인간을 죽이지 말라'라는 의미로 해석된다. 하지만 '살생하지 말라.'라는 불교의 계율(불살생계不殺生戒, 불교의 다섯 가지 계율 중 하나)은 지극히 당연하게 동물—심지어 식물—을 포함한다. 독일의 인도학자이자 불교학자인 헤르만 올덴베르크Hermann Oldenberg, 1854~1920는 부처의 생애를 다룬 책에 이렇게 적었다.

아무리 미미한 동물일지라도 생명을 아끼는 불교의 생명 존중 사상이 어느 정도까지 이를 수 있는지는 누구나 알고 있는 바다. 승려들의 일상생활을 규제하는 수많은 계율은 이런 생명 존중을 바탕으로 한다. 종류를 불문하고 동물(생명)이 들어가 있는 물은 마셔서는 안 되며 풀이나 흙에 부어서도 안 된다. 승려가 비단 이불을 장만할라치면 비단 짜는 사람이 투덜거리며 말한다. "목구멍이 포도청이라, 마누라 자식을 먹여 살리려고 작은 짐승을 죽여야 한다니 내 신세가 얼마나 가련하고 슬픈가." 그래서 부처는 승려들에게 비단 이불 사용을 금한다.

하인리히 하러Heinrich Harrer, 1912~2006는 『티베트에서의 7년』에서 티베트 사람들의 동물—여기서 말하는 동물은 몸집이 큰 포유동물만 뜻하는 것이 아니다—존중을 아주 상세하게 묘사한 바 있다.

얼마 있지도 않았건만 나는 벌써 아무 생각 없이 파리를 죽일 수 없게

되었다. 티베트 사회였다면 절대로 성가시다는 이유만으로 곤충을 죽일 엄두를 내지 않았을 테니까 말이다. 이런 관계는 실로 감동적이다. 소풍을 나가 개미가 몸에 기어오르면 조심스럽게 집어 땅에 내려놓는다. 파리가 찻잔 속에 빠지기라도 하는 날은 큰일이 난다. 빠져 죽기 전에 얼른 구해야 한다. 그 파리가 죽은 할머니의 환생일지도 모르니까 말이다. 언제 어디서나 사람들은 그런 영혼 구하기, 생명 구하기에 여념이 없다. (…) 많은 생명을 구할수록 행복도 커진다. 모든 피조물에 대한 이런 신중한 연대감은 티베트 민족의 영혼에 담긴 실로 감동적인 면모다.

물론 하러의 글에서 비꼬는 듯한 말투가 느껴지기는 한다. 그들의 동물 존중도 결국에는 다음 생에 동물로 태어날지 모르는 인간에 대한 존중이기 때문이다. 모든 동물의 영혼에는 인간의 영혼도 숨어 있다. 하지만 당연히 그게 전부는 아니다. 티베트 사람들의 동물 존중은 창조에 대한 존중의 표현이기도 하다.

무함마드의 고양이

세계 종교 중 막내인 이슬람교의 동물 사랑은 어떨까? 원칙적으로는 기독교보다 낫다. 이슬람교 성서에서는 동물과의 긍정적 관계가 느껴진다. 선지자 무함마드가 동물과 관련하여 어떤 말을 했는지가 결정적이다. 실제로 무함마드의 동물 사랑은 후대까지 전해지고 있다. 물론 전설에 불과하지만 전설도 아무런 근거 없이 생기지는 않는 법이다.

무함마드는 특히 고양이를 좋아했다고 한다. 어느 날 고양이 한 마리가 그의 옷소매 자락

❖ ── 야생의 짐승에서 가축으로, 다시 반려동물로 인간과 동물의 관계는 변화해 왔다.

을 깔고 앉아 잠이 들었다. 회교성원에 서둘러 기도를 드리러 갈 참이던 무함마드는 고양이의 잠을 깨우고 싶지 않아 소매를 잘랐다. 그리고 다시 집에 와 보니 고양이가 등을 곧추세우며 경의를 표했다. 무함마드는 고양이가 전하고 싶은 뜻을 알아차렸고 고양이에게 천국의 자리를 약속했다. 그런 다음 고양이의 등을 손으로 세 번 쓰다듬어 고양이에게 높은 곳에서 뛰어내려도 안전하게 착지할 수 있는 능력을 선사했다.

기분이 흐뭇해지는 이야기다. 기독교의 복음서에서는 찾아볼 길이 없는 동물 사랑이다. 물론 이슬람 신자들이 실제로도 기독교인보다 동물을 더 사랑하는지는 잘 모르겠다. 쉽게 판단하기 힘든 문제다. 하지만 선지자가 총애했던 고양이만큼은 낙원에서와 다름없는 생활을 하고 있다고 한다.

마지막으로 또 한 가지, 이런 생각이 든다. 동물은 신과 사람을 잇는 중계자인데 사람이 그 사실을 깨닫지 못하는 것은 아닐까? 이

질문에 대답하려면 다시 창조의 문제로 돌아가야 할 것이다. 어쨌거나 동물은 신의 피조물이다. 그러므로 동물을 경시하는 건 곧 신을 경시하는 것과 진배없을 것이다.

❖ 힌두교나 불교 같은 동양 종교의 윤회 사상은 생을 달리할 때마다 영혼이 인간과 동물, 식물 등으로 옮겨 다닌다고 본다.

❖ 토템 신앙에서 특정한 동식물은 신성한 존재로 여겨졌고, 선사 시대의 사람들에게 자연은 신성한 존재가 머무는 신성한 공간이었다.

❖ 동물 신은 인간의 모습에 동물의 특징을 가진 과도기 단계를 거쳐 비로소 인간신으로 변화했다.

❖ 『성경』의 「창세기」에서 신은 인간에게 동식물을 지배하고 양식으로 이용할 수 있는 권한을 부여한다. 자연에 대한 이러한 입장은 지난 세기까지도 서구 기독교 사회가 환경보호와 자연보호에 관심을 덜 기울이도록 만든 정신적 토대가 되었다.

❖ 유대교 전통에는 동물을 보호하고 배려하는 생활 규칙이 있었다.

❖ 기독교는 지극히 인간 중심이기에 인간을 둘러싼 자연을 경시하는 전통이 강했다.

❖ 동식물을 비롯한 자연의 생명을 존중하는 행위는 곧 신의 창조를 향한 신앙의 표현이다.

성경의 내용은 다 진리일까

'믿는 것'과 '아는 것'

과학은 가짜가 없다. 일시적으로 틀린 것을 옳다고 주장할 수는 있지만 과학은 '진짜 과학'만 가능하다. 종교도 과학과 마찬가지로 진리의 문제를 중시한다. 그래서 모든 종교는 자기가 '진짜 종교'라고 믿고 그렇게 주장한다. 자신이 따르는 종교만이 진리이고 다른 종교는 거짓이라고 생각하는 것이다.

자연 과학적 인식과 현상의 진실 여부는 실험을 통해서 결정된다. 하지만 종교의 진실은 실험으로 입증할 수가 없다. 가장 중요한 신부터가 입증 불가능한 존재다. 그럼에도 신자들에게 가장 확실한 진리는 다름 아닌 신이다. 바로 여기에서 진실의 문제가 시작된다.

진실에는 두 가지 종류가 있다. 괴테의 표현대로 한다면 '종교적 믿음의 진리'와 '오감의 진리'가 그것이다. 기독교에서 신앙을 갖는다는 것은 그리스도에 대한 확고하고 굳은 믿음을 마음속에 새긴다는 뜻이다. 괴테가 말한 두 진리는 이 지점에서 혼란을 유발한다. 믿음과 진리가 반드시 일치하는 것은 아니다. 일반적으로 말하는 '진리'는 '다만' 믿겠다는 것이 아니라 우리가 어떤 것을 알고 있다고 믿는 것이다. 하지만 '안다고 믿는다'라는 표현 자체가 이미 아는 것과 믿는 것의 혼란을 암시한다. 종교에서는 믿음이 진리의 최고 형태다. 예수는 "내가 진리"라고 말했다. 하지만 예수가 진리라는 것을 '안다' 해도 우리는 예수를 '믿어야만' 한다. 정말 복잡하다.

인간의 언어로 쓰인 신의 말씀과 불가타 성경

계시 종교, 즉 성서에 기초를 둔 종교들은 '신앙의 진리'를 문자로 기록하여 남긴다. 그리고 이 진리가 신에게서 직접 나온 것이며, 따라서 신과 동일하다고 주장한다. 신의 정신이 성서의 저자들—『구약』의 선지자 모세이건 『신약』의 복음서 저자들이건 무함마드이건—을 확성기로 이용하여 자신의 말을 전하는 것이라고 말이다. "한처음(태초)에 말씀이 계셨다. 말씀은 하느님과 함께 계셨는데 말씀은 하느님이셨다." 「요한 복음서」는 이렇게 시작한다. 하지만 신의 언어는 누구에게나 주어지지 않는다. 신은 아무하고나 말을 하지 않는다. 일반 신자들에게는 침묵으로 일관한다. 그러기에 오늘날 거리로 나가 신의 음성을 들었노라고 주장한다면 아무도 그의 말에 귀 기울이지 않을 것이다. 시대를 막론하고 선지자들은 큰 어려움을 겪었다. 하지만 현대의 선지자는 과거와 비교할 수 없을 만큼 큰 어려움을 겪을 것이다. 무함마드 이후, 그러니까 1,500년 전부터 믿을 만한 선지자는 물론이고 새로운 세계 종교의 창시자가 전혀 등장하지 않은 것도 우연은 아니다.

하지만 모세, 부처, 무함마드, 라마크리슈나, 그 밖의 성자들이 실제로 신과 이야기를 나누었다고 어느 누가 장담할 수 있는가? 어쩌면 그들만의 주장일지도 모른다. 아니면 자기 목소리를 착각한 것인지도 모른다. 계시는 복잡한 문제다. 신은 수천 년 전 인도반도에 살았던 사람들에게 고대 인도의 제식 언어인 산스크리트어로 말을 전했고 거기에서 『베다』에 집약된 위대한 힌두교의 성서들이 나왔다. 신은 또 모세와 이스라엘 백성에게 말을 전하면서 이번에는 히브리어로 말했다. 그리고 무함마드에게는 아랍어로 말했다. 하지만 결국 이 모든 것은 인간의 언어 저편에 있는 신의 언어를 번역한 것에 불과하다. 신은 인도인도 유대인도 아랍인도 아니다. 따라서 신의 언어가 산스크리트어인지 히브리어인지 아랍어인지 아무도 말할 수 없다. 신은 언제나 자신의 현현을 대하는 인간의 언어로 말한다.

그럼에도 이런 의문이 든다. 인간이 상상으로 신을 만든 후 자신의 종교적 사상을 신의 입을 통해 들었다고 착각하는 것은 아닐까? 어쩌면 신은 인간에게 아무 말도 하지 않았는데, 인간 혼자서 그렇다고 믿었던 것인지도 모른다. 종교도 늘 이런 불안을 떨치지 못했다. 그래서 유대교와 기독교는 지난 2,000년 동안 신의 말씀을 담은 진짜 텍스트를 만들기 위해 노력해 왔다. 신이 아닌 인간의 손이 그 말씀을 받아 적는 순간 문제가 발생하기 때문이다. 신의 말씀을 제대로 받아 적었을까? 아니면 신이 말하지 않은 내용까지 첨가된 것은 아닐까? 게다가 번역의 문제까지 추가된다. 제대로 번역을 했을까? 삭제하거나 첨가된 것은 없을까?

가톨릭의 경우 히브리어와 그리스어 성경의 원전을 가톨릭교회 언어인 라틴어로 번역하면서 처음으로 이런 문제가 첨예화되었다. 신이 자신을 낮추어 라틴어로 계시를 내리지 않았던 것이다. 따라서 1546년 트리엔트 공의회가 소집되었고, 여기서 5세기 히에로니무스의 라틴어 번역(불가타Vulgata 성서)을 유일하게 유효한 성서라고 선언했다. 하지만 그게 옳았을까? 자의적 결정은 아니었을까? 실제로 불가타 성서는 트리엔트 공의회가 선언한 뒤 몇 십 년이 지나서야 최종적으로 완성되었다. 따라서 공의회는 완성되지도 않은 것을 유일하게 유효하다고 선언했던 셈이다. 공의회가 시작되었을 때 먼저 히브리어와 그리스어 원전의 진위 여부부터 검토하자는 대단히 합리적인 제안이 나왔다. 하지만 가톨릭교회는 그 제안을 묵살한 채 믿을 만한 원전이 없다고 시인해 버렸다. 그러니까 믿을 만한 원전도 없는 라틴어 번역서를 믿어야 한다고 선언한 꼴이었다. 그 이유는 교황이 그것을 원했고, 교황은 그릇된 결정을 내리지 않는다는 가톨릭교회의 신념 때문이었다. 더구나 히에로니무스의 번역은 성령의 은총을 받은 번역이어서 애당초 옳을 수밖에 없다는—증거도 없이— 주장이 덧붙여졌다.

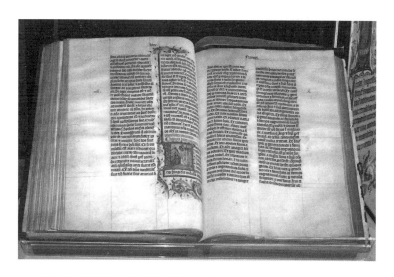

❖ ─ 영국 윌트셔주의 맘즈버리 대수도원에서 보관 중인 1400년대의 라틴어 필사 성경. 가톨릭교회는 교회의 언어인 라틴어 성경을 고집함으로써 일반 백성과 '신의 말씀'을 서로 떼어 놓으려고 했다.

왜 가톨릭교회는 라틴어 성경을 고집했는가?

사실 교회는 『성경』의 말씀이 확실한 신의 말씀이 아니라는 사실을 잘 알고 있었다. 『성경』은 그저 지켜야만 하는 '공식적인' 신의 말씀일 뿐이다. 수백 년 동안 단 한 번도 믿을 만한 하나의 성경이 있었던 적이 없었다. 지역에 따라 수많은 변종들이 있었다. 수없이 많은 교파가 있었고, 교파마다 나름대로 원전을 번역했다. 가톨릭교회는 항상 이를 금지시켰다. 마치 일반 신자들이 절대로 신의 말씀을 듣지 못하도록 막는 데 심혈을 기울이는 것만 같았다.

백성들은 라틴어를 몰랐다. 교회는 라틴어 성경을 백성의 언어로 번역하려는 모든 노력을 좌절시켰다. 그 결과 결국은 루터의 종교 개혁이 성공할 수 있는 발판을 스스로 만들어 준 꼴이 되었다. 루터의 독일어 성경은 사제의 설교를 통하지 않고도 신의 말씀을 직접 듣고 싶었던 백성들의 갈망을 마침내 풀어 주었으니 말이다. 루터와 신교는 『성경』이 진짜 '인간에게 보낸 신의 편지'인지, 그 질문을 전면에 내세운다. 수백 년 동안 가톨릭교회는 교황의 말씀이라는 권력으로 그런 질문을 억눌러 왔다.

오늘날 이 문제는 더 이상 큰 의미가 없다. 신의 말은 인간의 말이되, 자신이 신과 접촉한 인간이라고 생각한 사람들이 만들어 낸 말이라는 의견이 강하다. 『성경』이 진짜인지는 중요하지 않다. 중요한 것은 씌어 있는 내용이 무엇이며 그것이 우리에게 감동을 줄 수 있는지의 여부다. 『성경』은 우리 안에서만 신의 말씀이 된다.

과학의 진리와 성경의 진리는 어떻게 다른가?

한 번 더 계시의 문제로 돌아가 보자. 원칙적으로 모든 인간은 신과 이야기를 나누었다고 주장할 수 있다. 많은 사람들이 그 주장을 믿을 때 비로소 그런 주장은 종교가 된다. 사람들의 믿음을 얻어 내려면 특별한 능력이 필요하다. 일단 계시받은 내용을 사람들의 마음을 끄는 매력적인 말로 번역해야 한다. 사람들에게 영향력을 행사하지 못하는 '신의 계시'는 계시가 아니다. 하지만 계시가 진짜 계시로 인정받을 수 있으려면 얼마나 엄청난 반향을 얻어야 할까? 계시란 세계적인 종교에만 해당되는 사항일까? 아니면 수많은 소수 종교들도 그런 주장을 제기할 수 있는 걸까? 한때 세력이 컸지만 지금은 몰락한 종교들은 어떤가? 이 질문에 대답하기란 힘든 일이다. 어떤 종교가 진짜 신의 계시를 받았는지 판정할 수 있는 상위 심사 조직이 존재하지 않기 때문이다. 또 세력을 잃은 종교라고 해서 무조건 가짜였다고 말할 수도 없다.

한 번 더 『성경』으로 돌아가 보자. 모세오경에는 모세가 받은 계시가 기록되어 있다. 이것이 바로 유대교의 성서 『토라』다. 여기에 이스라엘 초기 역사를 서술한 역사서들이 추가된다. 나머지 책들은 다른 현자들ー여자는 없다!ー, 이른바 선지자들이 받았다는 신의 계시들이다. 모세 1경(「창세기」)은 신의 세계 창조로 시작된다. 이 역시 역사서의 성격을 갖춘다. 세상의 처음을 이야기하고, 다음으로 인류사의 처음을, 마지막으로 유대 민족의 초기 역사를 들려준다. 따라서 『성경』은 역사서다.

하지만 『성경』의 내용을 역사적 진실로 받아들일 수 있을까? 「창세기」만 본다면 대부분 진실이 아니다. 오늘날 우리는 세상이ー세상은 우주를 의미한다ー『성경』에서 말하는 것과 다르게 탄생했다는 사실을 잘 알고 있다. 분명 세상은 엿새 만에 탄생하지 않았다.

그럼에도 과학이 세상의 탄생을 수십억 년에 걸친 결과물로 본다는 이유만으로 『성경』의 「창세기」를 폐기할 필요는 없다. 『성경』이

들려주는 세계 탄생의 순서가 과학이 주장하는 순서와 일치한다는 사실을 알고 나면 더더욱 그러하다. 신은 먼저 세상을 창조했고, 다음으로 식물을, 그 다음으로 동물, 그중에서도 단순한 종을, 다음으로 복잡한 종을, 그리고 마지막으로 지금까지 탄생한 생명 중 가장 고차원적인 형태인 인간을 창조했다. 이 말은 『성경』의 진리가 과학의 진리와는 다르지만 두 진리가 잘 맞아떨어진다는 뜻이다. 계몽주의의 빛을 비추어도 『성경』은 그 심오한 진리를 조금도 잃지 않는다.

『성경』의 진리—복음서의 진리—는 날마다 새롭게 얻어 내야 한다. 『성경』을 달달 외우기만 하고 글자 그대로 해석하는 것은 『성경』의 심오한 의미를 파괴하는 행위다. 『성경』은 종교의 진리를 함께 얻어 내자고 호소한다.

종교는 지극히 개인적인 진리를 말한다

『성경』에는 신화의 진리가 담겨 있다. 『성경』은 세계사가 아니라 세계의 이야기를 들려준다. 그렇기에 『성경』의 진리는 낱낱의 단어가 아니라 그것이 만들어 내는 이미지에 담겨 있다. "한처음에 하느님께서 하늘과 땅을 창조하셨다. 땅은 아직 꼴을 갖추지 못하고 비어 있었는데, 어둠이 심연을 덮고 하느님의 영이 그 물 위를 감돌고 있었다." 신화의 진리는 바로 그 시정詩情에 있다. 그것은 신성한 시정이다. 그 속에 침잠하는 이에게 약이 될 수 있는 시정이다.

하지만 시적 이미지는 해석을 필요로 한다. 신화는 항상 그것이 만들어진 시대의 표현이다. 신화는 풀리지 않은 인류의 문제를 설명하려는 노력이다. 세상은 어디에서 왔나? 인간은 어디에서 왔는가? 왜 남자와 여자가 있는가? 왜 전쟁과 불행이 있나? 세상은 어디로 가는가? 『성경』은 그런 질문에 대한 대답이었고, 그 대답은 당대의 지식수준을 반영한다. 누가 알겠는가? 지금 우리가 알고 있는 과학 지식도 먼 미래 사람들이 보면 신화의 수준에 불과할지.

『성경』이 3,000년에 걸친 재앙투성이 인류사를 견뎌 냈다는 사실은 그 속에 진리가 가득 담겨 있다는 증거다. 『성경』보다 오랜 역사를 자랑하는 인도의 『우파니샤드』와 『바가바드기타』처럼 『성경』도 시간을 초월한다. 신앙의 진리는 수없이 다양한 방식으로 해석되었던 불멸의 『성경』 속에 살아 숨 쉰다. 하지만 어쩌면 종교 진리의 가장 심오한 의미는, 그것이 모든 사람에게 지극히 개인적인 진리라는 점에 있을지 모른다. 우리가 원한다면 신은 모든 인간에게 유일한 방식으로 말을 할 것이다. 과학의 진리는 이와 다르다. 과학의 진리는 만인에게 똑같은 것이어야 한다.

❖ 과학에는 '가짜 과학'이 없다. 하지만 종교는 저마다 자기네가 진리라고 주장하기에 상대적인 '가짜 종교'가 있을 수 있다.

❖ 기독교의 『성경』은 신의 말씀을 인간의 언어로 옮긴 것이다. 가톨릭교회는 히브리어와 그리스어 원전을 라틴어로 번역하는 과정에서 히에로니무스의 불가타 성경을 유일한 성서로 인정했다. 하지만 라틴어 성경은 그로부터 수십 년이 지나서야 최종적으로 완성되었다.

❖ 가톨릭교회는 라틴어 성경이 각 지역의 말로 옮겨지는 것을 금지하면서 백성들이 '신의 말씀'을 직접 대하는 것을 가로막았다.

❖ 과학의 진리와 성경의 진리는 분명 다르다. 하지만 그렇다고 해서 종교가 말하는 진리를 폐기할 필요는 없다. 종교의 진리는 신의 말씀이 개개인에게 어떤 의미로 다가가는지에 달려 있다.

❖ 종교의 경전들이 수천 년의 인류사를 견뎠다는 사실은 그 속에 심오한 의미가 가득하다는 것을 증명한다.

기독교의 특별한 날에는 어떤 의미가 있을까

크리스마스는 무슨 날일까?

설문 조사를 해 보니 독일 학생의 3분의 1이 크리스마스의 기원을 모른다고 대답했다. 그러니 크리스마스의 정의부터 내리고 시작하는 것이 좋을 것 같다.

크리스마스는 예수의 탄생을 축하하는 날이다. 그런데도 이 날에는 모두가 (선물을 주고받으면서) 자축을 한다는 느낌을 받는다. 만일 그렇게 생각한다면 그것은 크리스마스에 대한 크나큰 오해다. 더구나 진짜 축제일은 크리스마스이브인 12월 24일이 아니다. 예수의 생일은 그 다음 날이다.

하지만 실제로 예수의 생일이 언제인지는 아무도 모른다. 우리는 예수의 생일이 언제인지도 모르면서 생일을 축하하고 있다. 예수가 어느 해에 태어났는지조차 알려져 있지 않다. 예수가 기원전 4년 무

❖ — 예수의 탄생을 표현한 크리스마스 구유

렵에 태어났다는 몇 가지 증거가 있기는 하다. 그러니 엄격하게 말해서 예수의 탄생과 더불어 서기의 기원이 시작되었다는 통념도 틀렸다.

예수의 생일은 훗날 교회가, 즉 354년 교황 리베리아스가 정했다. 날짜는 12월 25일로 골랐다. 그러니까 크리스마스는 많은 사람들이 추측하는 것처럼 어떤 상징적 의미를 갖는 날이 아니라 그저 교회가 고른 날일 뿐이다.

12월 25일로 날짜를 정한 이유는 확실하지 않다. 3세기에 나온 몇몇 초기 기독교 문헌에 마리아가 예수를 3월 25일(고대 로마력으로 봄이 시작하는 날)에 수태했다는 이야기가 실려 있는데, 이 날을 기준으로

12월 25일로 골랐다고 한다. 하지만 고대 로마의 '불패의 태양신' 탄생일을 그대로 받아들여 기독교적으로 재해석했을 가능성이 더 높다. 12월 25일은 고대 로마 태양신의 탄생일이다.

기독교는 수많은 이교도의 축제일을 받아들여 기독교적 내용으로 채웠다. 로마인들 역시 자기네 백성들이 친숙하게 느낄 수 있도록 변형시켰다. 특히 '불패의 태양신'은 로마 제국의 구성원이라면 누구나 숭배할 수 있는 신이었다. 켈트족이나 게르만족, 일리리아족 등 북방 민족들까지도 자신들의 태양 숭배 의식을 이 로마 제국의 신과 결합시킬 수 있었다. 태양신이 그들의 본성에 맞았던 것이다. 새로운 신 예수 그리스도 역시 다르지 않았다.

그리스도는 (정신의) 어둠을 이기고 빛을 선사하는 자이기에 그리스의 신 헬리오스와 아주 유사하지만 아폴론과 유사성이 더 많았다. 그리스 신화에 등장하는 빛의 신인 아폴론처럼 머리가 긴 그리스도는 태양신의 특징을 많이 가지고 있었다. 엄격한 사리 분별, 뛰어난 정신력, 깨달음과 진리, 바른 기준과 질서를 향한 강한 의지는 전형적인 아폴론의 특징들이다. 로마인들은 그리스도를 통해 정신과 인식과 진리의 태양을 숭배한 것이다.

따라서 크리스마스에는 진정한 빛의 신이 탄생했음을 축하한다. 밤이 가장 길다는 한겨울에 정신의 어둠을 이겨 낼 신이 신생아의 몸을 빌려 우리 곁으로 온 것이다. 물론 남반구의 주민들에게는 해당되지 않는다. 태양이 가장 높은 지점에 도달하여 빛이 넘치는 한여름에 크리스마스를 맞이해야 하니 말이다. 하지만 이 역시 기독교적으로 멋지게 해석할 수 있다. 인식과 진리의 빛은 그리스도 안에서 최고의 힘을 얻는다고 말이다.

이렇듯 예수는 태양과 빛의 신호로 태어났다. 이를 표현하기 위해 우리는 사방에 불을 밝힌다. 19세기 이후 빛으로 장식한 크리스마스트리는 크리스마스의 상징이 되었다.

크리스마스는 인간의 본성이 신의 본성과 하나 됨—이것이야말로 크리스마스의 가장 심오한 의미다—을 축하하는 날이다. 신은 인간이 되었고, 이로써 인간 역시 신이 되었다. 일종의 놀라운 교체가 이루어진 셈이다. 이 신비로운 교체는 12월 24일에서 25일로 넘어가는 밤 자정 미사에서 일어나며 인간을 근본으로부터 변화시킨다. 크리스마스의 더 심오한 메시지는 바로 다음과 같다. "신의 인간됨을 통해 너의 삶을 신을 향해 변화하도록, 즉 너의 삶을 신격화하도록 자극받았음을 느껴라." 신교 신학자 파울 틸리히Paul Tillich, 1886~1965는 "새로운 존재를 받아들이는 외침"이라는 표현을 썼다. 그리고 그 어느 때보다도 크리스마스에 그 외침이 우리에게 다가온다.

그러므로 크리스마스는 평화와 사랑과 화목한 가정뿐 아니라 변화와 혁신과 발전을 생각하는 축제다. 결국 크리스마스는 만인의 가슴속에 자아의 신격화를 향한 동경을 일깨우고자 한다. 누구나 현세에 붙들려 있는 인간됨을 극복하려고 노력해야 한다. 신앙은 자신을 넘어 성장하려는 노력인 것이다.

부활절은 무슨 날일까?

부활절은 극도의 모순을 담고 있는 축제일이다. 성금요일에는 십자가에 못 박힌 예수의 끔찍한 죽음을 기억해야 하지만, 이틀 후의 일요일에는 그리스도의 부활을 축하한다. 부활절이 크리스마스에 비해 훨씬 감명 깊은 축일인 이유는 분명 이런 극단적인 대립 때문일 것이다. 좀 더 가볍게 표현하자면 사실 태어나는 건 특별한 일이 아니다. 하지만 죽은 자가 돌아오는 건 그 자체가 이미 특별한 일이다.

부활절의 1부는 최후의 만찬(예수가 제자들과 함께 보낸 유대교의 유월절)의 우수에 찬 분위기로 문을 여는 끔찍한 수난사다. 하지만 십자가의 재앙에 이어 죽음의 왕국에서 부활한 찬란한 승리가 그 뒤를 이었고 예수는 자신의 신성을 입증했다. 물론 예수의 부활은 입증이 필요 없는 신앙의 문제이지만 말이다. 예수의 죽음이 역사적 사실이라면 예수의 부활은 입증이 필요치 않은 가장 심오한 신앙의 진리다.

복음서들이 예수의 수난사를 잔혹한 고문 장면으로 묘사했음에도 부활절은 기독교인들에게 기쁨의 축제다. 예수가 인류─적어도 자신을 믿는 사람들─를 죄와 죽음으로부터 구원하고자 이 끔찍한 죽음을 기꺼이 받아들였기 때문이다. 하지만 다른 종교를 믿는 사람들의 눈에는 고문으로 처참한 모습을 하고 있는 벌거벗은 인간에게 기도를 올리는 기독교인들의 모습이 낯설거나 심지어 거부감을 불러일으킬지도 모른다. 신의 상을 만들지 않는 다른 종교의 입장에서

❖ ― 예수의 부활을 묘사한 그림. 제자인 토마스가 창에 찔린 예수의 상처에 손가락을 넣어 보고 있다.

본다면 십자가는 이교도의 우상과 다를 바 없는 것이기 때문이다.

기독교의 부활절은 유대교의 유월절, 더 정확하게 말해 유대인들의 출애굽(이집트에서 탈출함)을 기억하며 각 가정에서 만찬을 나누는 유월절 밤 축제와 떼려야 뗄 수 없는 관계에 있다. 그래서 예수는 12명의 제자들과 더불어 유월절 밤의 만찬을 즐겼다. 그리고 기독교는 이 만찬을 최후의 만찬으로 재해석했다. 새로운 계약을 맺기 위해 예수가 제자들에게 자신을 희생양으로 바친 상징적인 성찬으로 말이다. 그리고 그것은 훗날 그리스 비교秘敎 제식의 영향을 받아 기독교 미사의 정점이라 할 성찬 의식으로 거듭났다.

부활절은 인간의 모습으로 태어난 신의 구원을 위한 죽음과 놀라운 부활을 축하하는 날이다. 신이 스스로 인간이 됨으로써 신과 인간이 맺은 새로운 계약을 축하하는 날이다. 이 새로운 계약의 신호가 빵과 포도주다. 하지만 이 새로운 계약은 시나이산에서 맺은 과거의 계약에 뿌리를 두고 있다. 예수가 유월절에 바친 양은 자신의 죽음을 나타내는 상징물이 된다. 예수는 자신을, 신이 원한 죽음을 통해 세상의 죄를 없앨 '신의 어린 양'으로 생각한다. 과거의 계약은 신과 선택받은 유대 민족 사이에 이루어진 것이었다. 새로운 계약은 신과 모든 인간 사이에 맺어졌다.

물론 이 신과 인간의 새로운 계약에 동양의 종교(불교와 힌두교)는 포함되지 않았다. 이들은 지금까지도 이 계약에 참여하지 않았다. 유대인들도 마찬가지다. 이슬람은 그리스도 이후 600년이 지나 신과 또 다른 계약, '완전히 새로운 계약'을 맺었다. 그리고 이것이 마지막 계약일지 누가 알겠는가?

성령 강림절은 무슨 날일까?

성령 강림절은 성령의 축제일이며 따라서 교회 최고의 축제일이다. 교회의 창립 기념일이기도 하기 때문이다. 교회의 생명은 성령의 힘만으로 이루어진다. 성령 강림이 있고서야 제자들은 성령의 교도들이 되었다.

이 성령 강림절의 열흘 전, 승천의 날 그리스도는 하늘로 올라 아버지 신께로 감으로써 부활절의 승리를 완성했다. 이는 아버지 오른쪽에 그리스도가 앉아 있는 모습으로 설명된다. 아버지·아들·성령의 삼위일체 교리 역시 성령 강림으로 정당화되었다. 그러니까 그리스도의 승천은 예수가 예언했던 성령 강림 기적의 준비인 셈이다. 성령을 제자들에게 보내어 유대교와는 별개의 새로운 교리를 세상에 전파할 힘을 주고자 한 것이다. 성령 강림절 다음 일요일을 삼위일체절이라 부르는 이유도 그 때문이다. 신이 세 가지 방법이긴 하되 일체로 인간을 만나는 것이다.

하지만 성령을 삼위일체의 세 번째 인격으로 보는 기독교의 교리는 훗날에 와서야 등장한 것이다. 그 이유도 성령을 아버지 피조물이자 시종으로만 해석하는 성령 훼방론자들에게 대적하기 위해서였다.

기독교의 성령 강림절은 유대교와의 궁극적인 결별을 상징한다. 성령 강림을 통해 세계를 향해 역사 속으로 걸어 들어가기 시작한 새로운 교회가 건립되었으니 말이다. 이들은 스스로를 하늘에 있는 그리스도의 현세 교구로 이해한다. 하지만 예수가 새로운 교회를 원했는지는 여전히 풀리지 않은 의문이다. 불합리하게 들릴지 몰라도 예수 그리스도는 기독교인이 아니었다.

하지만 유대교와의 결별에도 불구하고 신이 유대교의 칠칠절에 성령을 보내셨다는 사실에서 두 종교의 밀접한 관련을 읽을 수 있다. 그를 통해 신은 기독교와 유대교의 결합을 지원했다. 그러기에 유대교와 기독교는 지금이라도 바로 이 칠칠절과 성령 강림절을 통해 종교적으로 다가가 서로 화해할 수 있을 것이다.

성령 강림절은 교회의 창립 기념일 이상의 의미가 있다. 즉 예수의 이름으로 기독교의 세례가 시작된 날이기도 하다. 세례는 성령의 생명력이 살아 숨 쉬며 인간의 삶을 신과 결합된 존재로 만드는 순간이다.

성령 강림절에는 예수의 부활이 신앙의 진리로, 이 진리는 교회의 정신적 기초로 승격된다. 누구든 믿는 자 안에서 그리스도가 새롭게 부활하는 것이다. 예수의 부활은 예수의 죽음과는 달리 역사적 사실로 볼 수 없다. 복음서에도 부활의 증거는 불충분하다. 당시 예수가 죽은 후 무슨 일이 일어났는지 우리는 알지 못한다. 하지만 예수가 지금까지도 신앙 속에서 인간을 만남으로써 거듭 인간의 영혼 속에서 '부활'하고 있다는 신앙적 사실에 대해서 우리는 너무도 잘 알고 있다.

기독교도의 영혼에 담긴 비밀의 근거는 바로 여기에 있다. 바깥에 서 있는 사람은 알지 못할 비밀이다. 하지만 다른 모든 종교에도 이와 아주 비슷한 비밀들이 있을 것이다. 아니, 어쩌면 모든 종교의 비밀은 결국 같은 신앙의 비밀일지도 모른다.

그럼에도 봄 냄새 물씬한 성령 강림절은 기독교인들의 마음속에 닻을 내리지 못했다. 아마도 일반 신자들이 성령을 상상하기가 쉽지 않기 때문일 것이다. 성령은 예수 그리스도와 다르게 불가해하다. 하지만 바로 이 불가해성이야말로 신성을 구성하는 요소가 아니던가? 성령의 상징으로 흰 비둘기를 사용하기도 하지만 그 역시 큰 도움은

되지 않는다. 이 비둘기는 예수가 세례자 요한에게 세례를 받을 때 하늘에서 내려온 비둘기에서 빌려 온 상징이다. 하지만 온화한 비둘기보다는 불의 혀와 폭풍이 더 적절한 상징일 듯하다. 성령이 인간의 마음속에서 얻어 내고자 하는 것, 그것은 열광이다. 기독교인들이 너무 자주 잊어버리지만 성령은 거리낌 없이 움켜잡는 폭풍과 같은 영이다.

❖ 성탄절은 예수의 탄생을 축하하는 날이지만, 사실 성탄절인 12월 25일은 로마인들이 숭배하던 태양신의 축제일에서 따온 것이다.

❖ 부활절은 예수가 죽음을 깨고 다시 살아났음을 기뻐하는 날이다. 하지만 역사적 사실인 예수의 죽음과 달리 예수의 부활은 역사적 사실이 아닐 수 있다.

❖ 성령 강림절은 교회의 창립 기념일이기도 하다. 그리고 성령 강림 사건을 통해 기독교는 유대교와 영원히 결별했다. 하지만 성령 강림절이 유대교의 의미 있는 기념일인 칠칠절인 것은 두 종교의 깊은 관련성을 보여 준다.

종교의 가장 깊은 본질에는
사랑의 약속이 있다

다큐멘터리 〈영의 전사들〉에 나온 사내는 근엄한 사제복 밑에 알록달록한 녹색 군복을 입고 있었다. 그는 직업이 두 개다. 십자가를 손에 든 러시아 정교회의 사제이면서 적을 만나면 사정없이 총을 쏘아야 하는 군인이다. 그가 말했다. 성경에 이웃을 사랑하라고 씌어 있지만 적은 이웃이 아니라고, 그래서 적은 가차 없이 쏘아 죽여도 된다고…….

냉전 시대가 막을 내리면서 제 죽을 곳을 찾지 못한 총탄들이 민족 갈등에서 적소를 발견하는가 싶더니, 민족 갈등이 다시 종교 문제와 얽히면서 세상은 참으로 어지럽게 돌아간다.

첨단 무기를 몸에 두르고 성전을 외치는 사람들을 지켜보노라면 과학 기술의 성장이 인간의 성장은 아니라는 진리를 새삼 확인하게 된다. 현대의 십자군 전쟁이 중세의 그것보다 월등히 무서운 건

살상 무기의 파괴력이 중세와는 비할 바가 아니기에 그 어떤 명분의 전쟁도 인류를 자멸로 이끌 수 있기 때문이다.

폭력과 살인을 장려하는 종교는 세상 어디에도 없다. 만일 있다면 그건 진정한 종교가 아니다. 종교를 핑계로 제 잇속을 차리는 거짓 종교, 사이비 종교다. 신이 있건 없건 종교가 위대하고 인간에게 꼭 필요한 건 저자의 말대로 '사랑이 없는 종교는 종교가 아니'기 때문이며, 종교는 위대한 신 앞에서, 혹은 거대한 우주 앞에서 인간이 얼마나 작고 보잘것없는 존재인지를 쉼 없이 깨우쳐 주기 때문이다. 하지만 이 세상에는 종교의 이름을 앞세운 채, 종교의 이름으로 화장한 채 종교의 가르침에 역행하는 온갖 부정과 잘못이 넘쳐난다.

그러기에 진정한 종교가 무엇인지, 종교의 존재 이유는 무엇이며, 종교가 필요한 이유는 무엇인지를 묻는 이 책의 질문들은 따분한 강의나 설교 이상의 대답을 줄 수 있을 것이다. 이 책을 읽으며 종교의 의미와 종교의 역할을 되짚고 종교의 임무를 다시 한 번 되새기며 과연 이 시대를 사는 우리는 종교를 얼마나 바르게 알고 바르게 실현하는지 돌아볼 수 있을 것이기 때문이다. '종교의 가장 깊은 본질에는 사랑의 약속이 있다'라는 저자의 말은 수천 번 되풀이하여 읽어도 그 깊은 뜻이 마르지 않을 테니 말이다.

물론 저자가 서양인이고 가톨릭 신자이기 때문에 이 책의 종교관이 기독교의 관점을 크게 벗어나지 못했다는 점이 약간 한계로 남

는다. 하지만 오히려 그 덕분에 기독교를 믿는 독자들에게는 합리적
이고 바람직한 종교관을 심어 주는 데 큰 역할을 할 수 있을 것이다.
또 종교가 다른 독자라 해도 기독교를 객관적 시각에서 배울 수 있
는 기회가 될 것이며 더불어 종교의 임무와 능력에 대해 다시 한 번
고민해 보는 시간이 될 수 있을 것이다.

    길고도 긴 창조의 역사 혹은 끝없이 이어져 온 진화의 역사와 비
교한다면 우리의 인생은 훅 하고 숨을 들이마실 여유조차 없는 찰나
에 불과하다. 서로 사랑하고 이해하고 아껴 주고 행복하기에도 턱없
이 모자라고 아까운 시간이다. 내 이웃만이 아니라 남의 이웃도, 내
종교만이 아니라 남의 종교도, 우리와 총을 겨눈 적군까지도 사랑하
고 이해하고 아껴 주면서 함께 행복하라는 진정한 종교의 가르침에
활짝 귀를 열어야 하는 이유도 바로 그 때문일 것이다.

장혜경

282